한영 번역,
이럴 땐 이렇게
실전편

지은이 조원미

이화여자대학교 영어영문학과와 한국외국어대학교 통·번역대학원 한영과를 졸업했으며 Columbia University in New York TESOL을 졸업했다. 현재 고려대학교-매쿼리대학교 통번역 프로그램 교과 과정 연구 전임으로 있다. 9·11 사태 때 미국의 한인 피해자들을 위한 통번역사로 활동하여 미국 적십자사로부터 감사장을 받은 바 있다. 지은 책으로 《번역, 이럴 땐 이렇게》 《한영 번역, 이럴 땐 이렇게》가 있다.

통번역사 경력 30년, 대학 강의 경력 20년의 저자는 강단에 서면 학생들은 매년 바뀌지만 그들이 부딪히는 문제는 한결같다는 사실을 깨닫고, 반복되는 실수를 바로잡을 수 있는 근본적인 원리를 연구해 왔다. 전작 《번역, 이럴 땐 이렇게》와 《한영 번역, 이럴 땐 이렇게》가 이론적인 측면을 강조했다면, 이 책 《한영 번역, 이럴 땐 이렇게 - 실전편》은 12가지 원칙을 바탕으로 통번역 현장의 생생함과 실제 강의에서 나왔던 예시들을 더 집중적으로 다룬다. 저자는 하나의 언어를 다른 언어로 옮길 때 부딪히게 되는 수많은 문제와 해결책을 다양한 지문을 통해 제시하면서 통번역사를 꿈꾸는 모든 사람들에게 한영 번역의 올바른 방향을 제시하는 등대와 같은 교재가 되었으면 하는 바람으로 이 책을 집필하였다.

한영 번역, 이럴 땐 이렇게 - 실전편

초판 1쇄 발행 2022년 3월 10일

지은이 조원미 | 펴낸이 박윤우 | 편집 김동준, 김송은, 김유진, 성한경, 여임동, 장미숙, 최진우 | 마케팅 박서연, 신소미, 이건희 | 디자인 서혜진, 이세연 | 저작권 김준수, 유은지 | 경영지원 이지영, 주진호 | 발행처 부키(주) | 출판신고 2012년 9월 27일 | 주소 서울 서대문구 신촌로3길 15 산성빌딩 5-6층 | 전화 02-325-0846 | 팩스 02-3141-4066 | 이메일 webmaster@bookie.co.kr | ISBN 978-89-6051-913-8 13740

만든 사람들
편집 김동준 | 표지 디자인 이창욱 | 본문 디자인 김재은 | 조판 권순나

사례별, 상황별, 원칙별 영어 글쓰기 강의

한영번역,

Korean English translation

실전편

조원미 지음

이럴 땐 이렇게

이담_{북스}

Section 1
한영 번역 12 원칙

Section 2
구조편

Section **3**
표현편

I am the master of Korean texts

고(故) 넬슨 만델라 대통령은 27년의 복역 생활 동안 매일 아침 눈을 뜨면 다음과 같은 말을 되새겼습니다. 'I am the master of my fate, the captain of my soul.' 이렇게 강렬한 메시지가 없었다면 긴 세월 동안 자신의 신념을 지키기가 무척 어려웠을 것이라 감히 생각합니다. 저는 저의 직업인 한영 번역에 이런 강한 신념을 접목하고 싶습니다. 번역가는 자신이 번역할 지문 앞에서 노예로 전락하기 십상이기 때문입니다.

보통 번역하는 방법을 관찰해 보면 한국어 지문을 그대로 따라다닙니다. 지문을 따라다니면서 '은' '는' '이' '가'가 붙은 단어를 주어로, '을' '를'이 붙은 단어를 목적어로 사용합니다. 하지만 이런 방식은 지문의 길이가 길수록, 지문의 난이도가 높을수록, 오히려 번역을 완성하기 어렵게 합니다. 그럼 어떻게 해야 할까요?

가장 먼저 해야 할 일은 주어와 목적어를 따라다니는 대신 '빅 픽처'를 보는 것입니다. 즉, 그 문장에서 **가장 중요한 의미가 무엇인지를 찾는, 큰 그림 찾기**입니다. 간단한 방법이 있습니다. '뭐가 뭘 하지?'라는 질문을 활용하는 것입니다. 번역해야 할 지문에 가장 먼저 '뭐가(주어) 뭘(목적어) 하지(동사)?'라는 질문을 던지고 답을 찾습니다. 그리고 남은 부분은 적당한 위치에 끼워 넣습니다.

Ex. 링컨이 변호사로 활동하던 시절 인종 차별 사건을 다루게 되면서 동료에게 빌린 서적으로, 노예 제도에 대한 링컨의 견해에 영향을 주었을 것으로 추정됩니다.

가장 중요한 의미는 무엇일까요? '서적으로' '영향을 주었을 것으로 추정된다'입니다. 남은 내용은 적당한 위치를 찾아 끼워 넣습니다.

그래도 한영 번역은 어렵습니다. 다른 두 언어의 차이를 넘어서야 하는 일이기 때문입니다. 번역을 잘하기 위해서는 넘어야 할 두 개의 커다란 산이 있습니다.

첫 번째 산은 '구조'입니다. 한국어와 영어의 구조가 다르기 때문에 한국어 순서가 아니라 영어 순서대로 번역해야 합니다. 그러지 않으면 단순히 한국어가 영어로 바뀌기만 할 뿐입니다. 예를 들어, '다양한 여성 재취업 시스템'은 어떤 순서로 번역해야 할까요? 대부분 'various women reemployment systems'라고 번역합니다. 하지만 이 번역은 글자만 영어로 바뀌었을 뿐 한국어 구조입니다. 그럼 영어 구조가 되려면 어떤 과정이 필요할까요? '짝 찾기' 과정이 필요합니다. '다양한'의 짝을 찾아야 합니다. 옆에 있다고 꼭 커플이 아니듯, 옆에 있다고 짝은 아닙니다. 그럼 그 '짝'은 무엇일까요? 바로 옆의 '여성'일까요? 아닙니다. '다양한 여성'은 전달하려는 의도가 아닙니다. 대부분 가장 처음과 가장 마지막 단어가 짝이 됩니다. 이 예시에서는 '시스템'이 그 짝입니다. '다양한 시스템 of 여성 재취업', 즉 'a various system of women reemployment' 순서로 번역되어야 합니다.

또 하나의 산은 '표현'입니다. 한국어 표현이 얼마나 다양합니까? 많은 경우 한영사전이 도움이 되지만 부자연스러운 표현도 많습니다. '각국 정부가 백신 보급에 총력전을 펼치고 있다'라는 문장을 생각해 봅시다. 총력전이라는 단어를 한영사전에서 찾아보면 'all-out war'라는 표현이 나옵니다. 전쟁입니다. 하지만 '총력전'의 의미는 전쟁을 벌인다는 것이 아니니 '의미'을 전달하는 표현을 만들어야 합니다. 그 방법은 '총력전' 중 가장 중요한 글자에 올인하는 것입니다. 가장 중요한 글자는 '력'입니다. '력'은 effort입니다. 그에 따라, 같이 쓰이는 단어의 조합인 make every effort가 만들어집니다. 좀 더 다양한 표현이 필요할 때는 형용사를 변형해서 make collective efforts로, 혹은 동사를 변형하여 accelerate / redouble / galvanize efforts 등으로 쓸 수 있습니다.

문제는 이렇게 표현을 열심히 만들었는데 '올인한다'라는 단어가 나오면 또 망설여진다는 것입니다. 총력전과 같은 의미인데 '올인'이라는 '글자'가 달라졌기 때문입니다. '전'이라는 단어를 보고 있자니 '난'이라는 표현이 떠오릅니다. '전력난' '식수난' '식량난' 등이죠. '전쟁'일까요? 아닙니다. 이 또한 의미를 생각해야 합니다. '전력난'의 의미는 '전력 부족'입니다. 그러니 electricity shortage입니다. 식수난은 drinking water shortage, 식량난은 food shortage가 됩니다.

이 책은 이런 구조와 표현을 질문을 통해 찾는 **과정**을 담고 있습니다. 제가 그동안 통번역을 더 잘하기 위해 고민하고 노력한 시간의 **흔적**입니다. 그동안 터득한 번역 스킬을 토대로 의미 위주의 번역 과정을 담았습니다. '한국어 지문'에서 '번역'이 나오는 '사고 과정'을 담았습니다.

제가 한영 번역만 했다면 이 책은 빛을 보지 못했을 겁니다. 번역만 하면 되니까 왜 그렇게 번역했는지는 생각할 필요도, 설명할 필요도 없었을 것입니다. 하지만 통번역 강의를 하면서, 학생들의 번역을 보면서, 질문에 답하면서 저 또한 성장했습니다. 한국어 지문을 보는 다양한 시각을 갖게 되었습니다. 이 책은 그런 부분이 과정이 되고 토대가 되어 만들어졌습니다.

　제4차 산업 혁명 시대입니다. 번역기가 없었던 예전에는 직역을 해도 일자리를 유지할 수 있었습니다. 하지만 이제 그런 번역이 설 자리는 없습니다. 그러니 더더욱 글자 너머 '의미'를 전달하는, 휴먼만이 할 수 있는 번역이 답입니다. 글자를 보는 순간 '글자의 감옥'에 갇히는 것이 번역입니다. 그러니 그 글자를 넘어서서 '의미'를 전달하는 구조와 표현을 '학(學)'한 후 열심히 '습(習)'하는 것만이 '전문인'이 되는 유일한 길입니다.

한영 번역 12 원칙

우리말 표현은 아름답고 다채롭습니다. 우리의 생각과 감정을 충분히 전달할 수 있습니다. 하지만 같은 내용도 말하는 사람에 따라 표현 방식이 달라집니다. 그럼 번역도 달라지게 될까요? 아닙니다. **동일**한 의미라면 번역은 **동일**해야 합니다.

하지만 한영 번역된 문장을 살펴보면 한국어 지문을 따라간 경우가 많습니다. 그래서 여러가지 번역 기술을 수업 시간에 익힙니다. 많은 연습량이 중요한 것이 아니라 올바른 방향이 먼저이기 때문입니다. 한영 번역을 잘하기 위해서는 12가지의 원칙이 필요합니다. 1부에서는 이러한 원칙들을 차례로 소개하겠습니다.

번역 전에
원문부터
이해하라

한영 번역 강의를 시작하기에 앞서 항상 하는 말입니다. 번역할 지문이 영어라면 주의 깊게 읽고 잘 이해가 되지 않는 부분은 이해가 될 때까지 읽어야 합니다. 이해가 되지 않는 문장을 번역할 수는 없으니까요. 혹은, 번역했다 한들 글자는 한국어이되 내용 전달은 부족할 것입니다.

번역할 지문이 한국어라면 더 심각한 문제가 발생합니다. 한국어이기 때문에 원문의 의미를 이해한다는 착각을 갖게 됩니다. 그런 번역은 당연히 직역이 되고 부족한 번역이 됩니다. 다음 지문에서 그 예를 살펴보겠습니다.

Ex. 엄밀한 의미에서 한국 경제는 물가가 하락하는 디플레이션 상태는 아니나 저성장이 장기화되면서 디플레이션에 빠질 수도 있다는 우려가 커지고 있다.

설명 이 지문의 시작인 '엄밀한 의미에서'를 보면서 영어로 어떻게 옮겨야 할지 생각을 많이 합니다. 그런데 그 못지않게 더 중요한 것은 **왜** '엄밀한 의미에서'라는 표현이 쓰였는지를 이해하는 것입니다. '엄밀한 의미에서'를 쓴 이유는 그다음 지문 내용에 있습니다. 즉, '디플레이션은 아니지만 디플레이션에 빠질 수도 있다'는 미묘한 뉘앙스가 있기 때문입니다. 그러니 번역은 이 의미 차이가 선명히 보이도록 해야 합니다.

[번역] Technically, the Korean economy **will not be in deflation** bringing prices down but **is likely to fall into this direction** amid prolonged low growth.

Ex. 트위터가 허위 정보에 붙였던 경고 라벨의 디자인을 보다 눈에 띄는 형태로 바꾸었습니다. 트위터는 코로나19에 관한 허위 정보 확산을 막기 위해 문제의 소지가 있는 트윗에 경고 표시를 붙이는 방식을 도입했습니다. 그러나 '해당 표시' 디자인이 허위 정보 분별에 효과적이지 못하다는 비판이 따르자, 이용자가 허위 정보를 보다 잘 분별하도록 새 디자인을 출시했습니다. (출처: 해커스영어 AP News 받아쓰기)

[설명] 위의 예문에서 '해당 표시'의 번역을 무엇일까요? corresponding일까요? 아닙니다. 그 의미를 파악해야 합니다. 이 지문은 트위터가 새 라벨을 출시했고 그 이유는 (해당 표시) 디자인이 효과적이지 못했기 때문입니다. 지문에서 '해당 표시 디자인'의 반대말은 무엇일까요? '새 디자인'입니다. 그러니 '해당 표시 디자인', 즉 'old designs'이 됩니다.

[번역] Twitter has changed its labels on misinformation to be more recognizable. The social media labelled suspicious tweets with warning signs to prevent misleading content on the COVID-19. However, as the company has been under fire for its old labels that (users say) were not effective in identifying fake news, it has released new labels to help its users tell between right and wrong.

다음 문장도 의미를 파악해 보겠습니다.

Ex. 보잉 737 항공기의 추락으로 전 세계 항공 당국이 **해당** 기종에 대한 운항을 전면 중단했습니다.

[설명] 또다시 '해당'이라는 표현이 나왔습니다. 같은 표현이니 같은 의미일까요? 당연히 그 의미는 다릅니다. 이 지문에서의 의미는 '737 항공기 기종'입니다.

[번역] After Boeing 737 crashed to the ground, world aviation authorities entirely grounded **the** aircraft **model**.

Ex. 신규 실업 수당 청구 건수는 약 28만 건으로 전문가들이 전망했던 29만 건보다 **개선**된 수치입니다.

[설명] 표현은 '개선'이지만 'improve'가 아닙니다. 청구 건수가 전문가들이 전망했던 수치보다 **줄어들었다**는 의미이기 때문입니다. 또한 '청구 건수'에서 '건수'는 영어로 옮길 필요가 없는 군살입니다.

[번역] New applications for jobless benefits were estimated at about 280,000, which is **lower** than experts forecast.

빅 픽처 & 사이사이 끼워 넣기

결정을 내릴 때는 큰 그림, 즉 빅 픽처를 봐야 한다고들 말합니다. 번역에도 빅 픽처 보기가 필요합니다. 특히 한 문장 안에 여러 내용이 들어 있을 때는 영문 구조를 단번에 이해하기 어렵습니다. 이럴 때는 큰 그림을 봐야 합니다. 그 지문에서 가장 크게 '**뭐가 뭘**' 하는지를 보는 것입니다. 그 후 남은 내용을 적절한 위치에 사이사이 '**끼워 넣기**'합니다.

Ex. 트위터가 허위 정보에 붙였던 경고 라벨의 디자인을 보다 눈에 띄는 형태로 바꾸었습니다.

[빅 픽처] 트위터가 / 바꾸었습니다 / 디자인을

[남은 내용] 허위 정보에 붙였던 경고 라벨의 / 보다 눈에 띄는 형태로

[번역 순서] 트위터가 / 바꾸었습니다 / 디자인을 / 경고 라벨의 / 붙였던 / 허위 정보에 / 보다 눈에 띄는 형태로

[번역] Twitter has changed its labels on misinformation to be more recognizable.

Ex. 트위터는 코로나19에 관한 허위 정보 확산을 막기 위해 문제의 소지가 있는 트윗에 경고 표시를 붙이는 방식을 도입했습니다.

[빅 픽처] 트위터는 / 붙이는 방식을 도입했습니다 / 막기 위해

[남은 내용] 코로나19에 관한 허위 정보 확산을 / 문제의 소지가 있는 트윗에 경고 표시를

[번역 순서] 트위터는 / 붙이는 방식을 도입했다(의미: 붙였다) / 문제의 소지가 있는 트윗에 / 경고 표시를 / 막기 위해 / 확산 / 허위 정보 / 관한 / 코로나19

[번역] The social media labelled suspicious tweets with warning signs to prevent misleading content on the COVID-19.

Ex. 그러나 해당 표시 디자인이 허위 정보 분별에 효과적이지 못하다는 비판이 따르자, 이용자가 허위 정보를 보다 잘 분별하도록 새 디자인을 출시했습니다.

[빅 픽처] 트위터가 / 출시했다 / 비판이 따르자

[남은 내용] 그러나 해당 표시 디자인이 허위 정보 분별에 효과적이지 못하다는 / 이용자가 허위 정보를 보다 잘 분별하도록 새 디자인을

[번역 순서] 트위터 / 출시했다 / 새 디자인 / 하도록 / 이용자 / 분별 / 허위 정보를 / as / 이전 디자인 / 비판받다 / 효과적이지 않다고 / 분별에 / 허위 정보

[번역] However, the company has released new labels to help its users tell between right and wrong as its old labels have been criticized for being ineffective in identifying fake news.

Ex. 지난 금요일, 전 세계 동시로 애플의 아이폰 6 출시가 시작되었습니다. 더 커진 화면과 빨라진 성능으로 출시 전부터 아이폰을 사려는 사람들이 줄을 길게 서는 진풍경이 벌어졌습니다.

[설명] 한 문장 안에 여러 내용이 들어 있습니다. **가장 큰 그림**은 무엇일까요? '**사람들이 줄 서 있다**'입니다.

[번역 순서] 사람들이 / 줄 서 있다 / 사려고 / 아이폰 / 출시 전부터

[남은 내용] 더 커진 화면과 빨라진 성능 / 진풍경이 벌어졌다

'더 커진 화면과 빨라진 성능'이 낄 자리는 어디일까요? '아이폰'을 설명하는 내용이니 '아이폰 / 가진 / 더 커진 화면과 빨라진 성능' 순서가 맞습니다. '진풍경이 벌어졌다'는 문장 전체에 해당되므로 문장 처음에 자리합니다.

[번역 순서] 진풍경이다 / 사람들이 / 줄 서 있다 / 사려고 / 아이폰 가진 / 더 커진 화면과 빨라진 성능 / 출시 전부터

[번역] Last Friday, iPhone 6 was simultaneously released worldwide. It was a rare sight that potential buyers were in a long line before the release of the new product equipped with a bigger screen and a fast-paced function.

Ex. (미국 일리노이의 작은 도서관에서 링컨 전 미국 대통령의 친필 사인이 있는 인종 차별 도서가 발견되었습니다.) 링컨이 변호사로 활동하던 시절 인종 차별 사건을 다루게 되면서 동료에게 빌린 서적으로, 노예 제도에 대한 링컨의 견해에 영향을 주었을 지도 모른다고 추정됩니다.

[설명] **가장 큰 그림**은 무엇일까요? '**서적이 ~영향을 주었을지도 모른다**'입니다. 나머지 내용은 '서적'과 '영향을 주었을지도 모른다'를 수식하는 것으로 사이사이에 끼워 넣기를 합니다.

[번역 순서] 서적 / 링컨 / 빌린 / 동료로부터 / when / he / 다루다 / 인종 차별 사건 / 일할 때 / 변호사로 / 영향을 주었을 지도 모른다 / 그의 견해 / 노예 제도에 관한

[번역] (A small library in Illinois, U.S.A was found housing the late president

Lincoln's autographed copy of a book on racial discrimination.) **The book** he had borrowed from his colleague when he was dealing with a discrimination case while working as a lawyer **may have helped shape** his own views on slavery.

글자가 아닌
의미를 번역하라

다음 문장들은 원문의 글자를 그대로 번역한 예입니다. 그 의미를 파악하면 다음과 같이 수정될 수 있습니다. 먼저 그 차이를 찾아보세요.

Ex. 그 보고서의 타당성에 관한 의문의 목소리가 제기되고 있다.

[번역 사례] Voice of question of the validity of the report is raised.

→ '의문의 목소리가 제기되다'의 의미: 의심스러운

[번역] The validity of the report is **questionable**.

Ex. 생산 기지를 외국으로 내보냄으로써 온실가스 배출도 늘어났다.

[번역 사례] Sending production bases abroad resulted in the increase in greenhouse gas emissions.

→ '내보내다'의 의미: 외국에 생산 기지를 짓다

[번역] **Establishing / Building / Relocating** production facilities abroad resulted in the increase in greenhouse gas emissions.

Ex. 한류를 바탕으로 우리는 문화 발신국에 진입했다.

〔번역 사례〕 Based on the Korean Wave, Korea has become a cultural transmitter.

→ '바탕으로'를 동사로: empower 목적어 to 부정사

〔필요 표현〕 반열/대열에 진입하다: join the circle(rank) of

〔번역〕 Hallyu **empowers** Korea to join the circle of cultural trendsetters.

*Hallyu (2021 옥스포드 영어사전 공식 등재어)

Ex. 이번 포럼을 통해 참석자 모두가 공감할 수 있었던 한 가지 분명한 점은 창조 산업의 중요성을 다시 한번 확인할 수 있었다는 점입니다.

〔번역 사례〕 All the participants in this forum may have agreed one thing clearly that this event taught us the importance of the creative industry.

→ '모두가 공감할 수 있었던 점'의 의미: 의견의 일치(unanimous)

〔번역 1〕 We are **unanimous** that this event has taught us the importance of the creative industry.

〔번역 2〕 The importance of the creative industry has **resonated with** us in this event.

Ex. 제조업에서 좋은 일자리가 사라지고 불평등이 커지면서 세계화에 불만인 사람이 늘어났다.

[번역 사례] The disappearance of high-quality jobs and the increase of inequity in the manufacturing industry led to the dramatic rise in the number of people complaining globalization.

→ '세계화에 불만이 사람이 늘어나다'의 의미: 세계화에 더 많은 불만이 생기다

[번역] The disappearance of high-quality jobs and the increase of inequity in the manufacturing industry led to **more complaints** about globalization.

늘고 있다 = increase?

이제는 '늘고 있다'를 'more'로 번역해 보세요.

가계 부채가 **늘고 있다**.
We have seen more household debt.

투자 및 기술 개발이 **늘어나** 관련 시장이 확대되고 있다.
Greater investment and technology development have expanded the relevant market.

VR·AR 등 메타버스와 연계된 서비스를 제공하는 금융 회사가 **늘고 있다**.
More financial companies have offered metaverse services such as VR and AR.

데이터 전송 사용량이 **늘고 있다**.
We have more data communication.

어려움을 겪던 기업들에 수출을 **늘릴** 기회가 될 것으로 보인다.
Suffering industries can have **more** exporting opportunities.

03

구조의 차이는
뒤집기로
해결하라

한국어와 영어는 구조가 반대입니다. 그래서 주어를 제외하고는 문장 끝에서부터 뒤집어야 영어 어순이 나오는 경우가 많습니다. 그 예를 소개합니다.

쇠고기 **1등급**: **the first** grade beef

전화 **회의에서**: **in a conference** call

행적/**동선**: **traces** of movement

판매 **수익금**: **proceeds** from the sale

떼창: **sing** together

수온 **상승**: **warmer** water

실직: **job** losses

탈모: **hair** loss

수상작: **an award**-winning novel

산**유국**: **oil**-producing countries

임금 **피크**제: the **peak** wage system

한국형 **인재**: **talented** Koreans

개**학**: **school** opening

감**세**: **tax** cuts

증**세**: **tax** hikes

배후 **기관**: **an organization** behind

서울 **시내에**: **in downtown** Seoul

4인 **가족**: **a family** of four

두 아이의 **엄마**: **a mother** of two children

시원 **섭섭**: **bitter** and sweet

알람 **메일**: **an email** alert

생**중계하다**: **report it** live

추세 **변화**: **shifts** in trends

절반으로 **줄어들었다**: **a decline** in half

음**원**: **source** music

측근: **a source** close to

중국 **부자들**: **wealthy** Chinese

볼**거리**: **content** to see

재정 **여력**: **sufficient** financial resources

해외 출판 지원 **사업**: **the project** to support overseas publishing

알고리즘 **중독성**: **addictive** algorithms

고위험**군**: **groups** at high risk

82년생 **김지영**: **Kim Ji-young** born in 1982

활동 제재조치의 **완화**: **loosened** restrictions on activities

18세이상 **성인**: **adults** aged 18 and older

예외가 **많지 않다**: **limited** exceptions

증거 **부족**: **insufficient** evidence

'부족한'이 부족하다

a lack of / be lacking in / lack 외에도 '부족한'을 의미하는 다양한 표현을 소개합니다.

Ex. 마스크 **부족** 사태

[번역] mask shortage / a shortage of masks / a low supply of masks / mask supply runs low / insufficient / an improper amount of / limited masks / we are running short of masks / masks are not provided properly / masks are limited

'under + 과거 분사'

연구에 대한 투자가 계속 **부족**하다.: Research chronically remains underfunded.
사망자수에 대한 보도가 **부족**하다.: Deaths are underreported.
환자들에 대한 치료가 **부족**하다.: Patients are undertreated/underdiagnosed.
이 사업은 인력/자금이 **부족**하다.: This project is understaffed/underfinanced.
구호 물품이 **부족**하다.: Relief goods are undersupplied.
고용이 **부족**하다.: People are underemployed.
식당이 서비스가 **부족**하다.: The restaurant is underserviced.
인구 조사에서 저소득자들의 수가 **적게** 기록되었다.: The census undercounts low-income people.

이제는 문장을 뒤집어 보겠습니다.

Ex. 이번 조치로 그 계획의 실행의 효율성을 도모하고자 한다.

[워가 뭘?] 이번 조치로 / 도모하고자 한다 / 실행의 효율성을 / 그 계획의

[번역] This measure is seeking an effective execution of the plan.

Ex. 전 세계 공급망에 문제가 생겨 물류 공급에 차질이 벌어지는 현상이 잦아지고 있다.

[뒤집기] '전 세계 공급망에 문제가 생겨'를 주어로

[군살] '현상'의 의미는 '물류 공급 차질' 이므로 번역 시 생략

[번역 순서] 문제 of 전 세계 공급망 / 야기한다 / 잦은 물류 공급 차질

[번역] Problems of (or Dysfunctional) distribution systems across the world have led to frequent logistics disruptions.

Ex. 약 70% 이상의 국민이 의료진을 깊이 신뢰한다고 응답했습니다.

[워가 뭘?] 약 70% 이상의 국민이 / 응답했습니다 / 그들이 / 깊이 신뢰한다고 / 의료진을

[번역] Over 70 percent of American respondents have high trust in medical staff.

'respond(대응하다)' 어디까지 가능할까?

정부는 새로운 무역 장벽에 적극적으로 **대응할** 것입니다.
The Government will actively **respond to** new trade barriers.

경찰이 사건 현장에 신속히 **출두했다.**

The police swiftly **responded to** the accident scene.

응답자 중 90% 정도가 효과가 있다고 말했다.
About 90% of those who **responded** said that it worked well.

전문가들은 한국의 경제에 관해 긍정적으로 **답했다.**
Experts **responded** positively to the Korean economy.

성별 임금격차를 좁히는 것은 우리 **하기에** 달려 있다.
Narrowing the gender wage gap depends on how we **respond**.

열 명 중 네 명에게 이 치료가 **효과가 있다.**
Four in ten people **respond** to the treatment.

그가 소문에 대한 **입장을 밝혔다.**
He **responded** to the rumor.

회사가 배달이 지연되었는데도 아무런 **조치를 취하**지 않았다.
The company failed to promptly **respond** to delayed delivery.

청중은 예상치 못한 결말에 박수를 **보냈다.**
The audience **responded** with applauses to the unexpected ending.

단어의 짝을
찾아 번역하라

남녀 출연자들이 나와 서로를 알아 가다가 나중에 버튼을 눌러 커플을 정하는 모 텔레비전 프로그램이 있었습니다. 그럴 때 나란히 앉아 있다고 꼭 짝이 되는 것은 아니듯 한국어 지문의 글자 순서가 짝은 아닙니다.

Ex. 미국 연방 수사국

[번역 순서] 미국 / 연방 / 국 / 수사

한국어와 영어 어순이 다름을 확인할 수 있습니다.

[번역] the U. S. federal Bureau of Investigation

이와 같습니다. 한국어 지문에 나와 있는 순서가 짝이 아닙니다. 짝 찾기의 방송처럼 **단어의 짝을 찾아 번역**해야 합니다. 다른 예들을 보겠습니다.

Ex. 문 대통령의 인도네시아 방문

→ 문 대통령의 인도네시아(×) 문 대통령의 방문(○)

[번역] President Moon's visit to Indonesia

Ex. 바이든 대통령의 포용과 통합 노력

→ 바이든 대통령의 포용(×) 바이든 대통령의 노력(○)

[번역] President Biden's efforts in promoting inclusiveness and unity

Ex. 향후 정책 방향

→ 향후 정책(×) 향후 방향(○)

[번역] the future direction of policy

Ex. 국민들의 퇴진 요구

→ 국민들의 퇴진(×) 국민들의 요구(○)

[번역] public demand to resign

Ex. 튼튼한 희망의 사다리

→ 튼튼한 희망(×) 튼튼한 사다리(○)

[번역] a sturdy ladder of hope

Ex. 새로운 희망의 메시지

→ 새로운 희망(×) 새로운 메시지(○)

[번역] a new message of hope

Ex. 건실한 경제 성장이 계속되다

→ 건실한 경제(×) 건실한 성장(○)

[번역] sustain the sound growth of the economy

Ex. 한국의 지속 가능한 에너지 개발 정책

→ 한국의 지속 가능한(×) 한국의 정책(○)

[번역] Korean polices to develop sustainable energy

Ex. 무료 정보화 교육

→ 무료 정보화(×) 무료 교육(○)

[번역] free education for information technology

Ex. 필수 물 공급원

→ 필수 물(×) 필수 공급원(○)

[번역] an essential source of water

Ex. 이런 민생과 직결되는 법안들

→ 이런 민생(×) 이런 법안(○)

[번역] the bills directly associated with livelihood of the public

Ex. 대통령의 사면 지정권

→ 대통령의 사면(×) 대통령의 권리(○)

[번역] presidential power to grant pardons

Ex. 현 정부의 바이러스 대처 방식

→ 현 정부의 바이러스(×) 현 정부의 대처 방식(○)

번역 The government's response to the virus

Ex. 평균적인 유방암 위험을 지닌 사람

→ 평균적인 유방암(×) 평균적인 위험(○)

번역 Those who have an average risk of developing breast cancer

Ex. 현재의 기술 기획 체계

→ 현재의 기술(×) 현재의 체계(○)

번역 The current system of technological planning

Ex. 한국의 북의 잠재적 위협에 대한 대응

→ 한국의 북(×) 한국의 대응(○)

번역 South Korea's response to North Korea's potential threats

Ex. 보안성 강한 데이터 저장 기술

→ 보안성 강한(×) 보안성 기술(○)

번역 A high security technology for data storage

Ex. 조기에 생활 습관을 개선

→ 조기 생활 습관(×) 조기 개선(○)

번역 The early improvement in lifestyle

다음은 문장에서 짝 찾기를 살펴보겠습니다.

Ex. 사회적, 제도적 환경 변화에 따른 선제적 대응 시스템을 구축하는 것이 필요하다.

→ 선제적 대응 시스템: 선제적 대응(x) 선제적 시스템(o)

[번역 순서] 필요하다 / 구축 / 선제적 시스템 / 대응 / 변화 / 사회적 제도적 환경

[번역] It is imperative to build a proactive system to respond to shifts in social and institutional environments.

Ex. 이번 위기가 발발한 후 통화 당국이 신속하게 대응했다.

→ '대응했다'의 짝: 이번 위기 뭐가 뭘

[번역 순서] 통화 당국 / 신속하게 / 대응했다 / 이번 위기(가 발발한 후)

[번역] The currency authorities swiftly responded to the recent crisis.

Ex. 공화당이 지명한 법관들이 이 법원의 다수를 차지하고 있다.

→ '다수'의 짝: 법관들

[번역 순서] 이 법원은 / 가지고 있다 / 다수의 법관들 / 지명된 / 공화당

[번역] This court has a majority of judges appointed by Republican presidents.

Ex. 미 대통령이 화이자 백신 5억 회분을 전 세계의 개발 국가에 추가적으로 공급하겠다고 밝혔습니다.

→ '추가적으로'의 짝: 백신

[번역 순서] 미 대통령이 / 밝혔다 / 공급 / 추가적인 5억 회분 화이자 백신 / 개발 국가에 / 전 세계

[번역] The U.S. president pledged to supply additional 500 million Pfizer COVID-19 vaccines to developing countries across the world.

Ex. 윤 위원장이 원격 의료 논의를 제안하고 나선 건 코로나19 사태 당시 원격 의료의 진가를 확인했기 때문이다.

→ '윤 위원장'의 짝: 제안하다 / 확인한 후

[번역 순서] 윤 위원장 / 제안했다 / 논의 / 원격 의료에 관한 / after / he / 확인했다 / 진가 / 원격 의료 / 코로나19 사태 때

[번역] Chair Yoon proposed a discussion on telemedicine after he had identified the merit of the new technology amid the pandemic.

빅 픽처와
핵심어로
군살을 빼라

KUMU 통번역대학원 네이버 카페가 있습니다. 대학원 소식, 채용 공고 등도 신고 '맛있는 강의'라는 메뉴도 있습니다. 이 메뉴를 통해 많은 통번역 팁을 공개하고 있습니다. 이번 학기는 변화를 주기 위해 '영한/한영' 문장을 번갈아 제공하고 학생들이 번역을 올리면 피드백을 줍니다.

그런데 학생들이 번역을 올리지 않는 경우가 있습니다. 한국어 문장에 군살이 많을수록 그런 경향이 강했습니다. 그런 경우 한국어 지문의 군살을 쳐 주면 번역이 올라오곤 했습니다. 비로소 원문의 의미가 보이기에 번역이 가능해집니다. 다음 지문에서 그 예들을 살펴보겠습니다.

Ex. 상상에 머물렀던 신기술이 현실로 다가온 배경으로는 기술 자체의 발전과 시장 환경의 변화를 꼽을 수 있다.

이런 지문의 번역은 '큰 의미 찾기'로 시작합니다. 문장에서 **가장 큰 의미**

를 보는 것입니다. 그 후 나머지 내용은 사이사이 끼워 넣기를 합니다. 같이 군살을 찾아봅시다.

[빅 픽처] 신기술이 / 현실로 다가온 / 기술 자체의 발전과 시장 환경의 변화 덕분에 (《오징어 게임》을 쓴 황동혁 감독이 10년 전과는 달리 작금의 현실이 그 드라마를 가능하게 했다는 인터뷰를 했습니다. 그처럼 과거에는 상상만 했던 신기술이 현실이 되었고 바로 기술 발전과 시장 변화 때문입니다.)

[군살 리스트]

1. 상상에 머물렀던 신기술 → 상상의 기술 ('신기술'의 '신'은 군살)
2. 현실로 다가온 배경 → 현실화되었다
3. 기술 차제의 발전과 시장 환경의 변화 → 기술 발전과 시장 변화
4. 꼽을 수 있다.

[뭐가 뭘?] 상상의 기술이 현실화되었다 / 기술 발전과 시장 변화 덕분에

[번역] Imaginary technologies has realized thanks to technology development and a paradigm shift in markets.

[뭐가 뭘?] 기술 발전과 시장 변화가 / 현실로 만들었다 / 상상의 기술을

[번역] Technological development and a paradigm shift in markets have realized imaginary technologies.

Ex. 과거에는 프로그램이 행사 위주의 형식이었다.

[번역 사례] In the past, programs were a format of events.

→ '형식이었다'를 번역해야 할까?

[번역] Past programs were event-based.

Ex. 협정문에서 고친 내용이 공개되었다.

[번역 사례] the content of the agreement.

→ 고친 **내용** / 책 **내용** / 요약 **내용** / 조사 **내용** 등은 한국어에는 있지만 영어에는 쓰지 않는 군살이 됩니다.

영어 표현은 corrections / the book / summaries / research입니다.

[번역] The corrections in the agreement are released.

**우리 경제의 회복 속도는 전문가들과
시장이 예상했던 것보다 훨씬 빠릅니다.**

----

① '회복 속도'를 글자 그대로 'recovery pace'로 번역 (구글 검색 결과: 370건)

- Our economic recovery pace is faster than experts and markets anticipated

② '회복 속도'를 'recovery'로 번역 (구글 검색 결과: 6,170,000건)

- Our economic **recovery** is faster than experts and markets had anticipated.

이런 예들을 유형별로 소개하겠습니다.

1) '명사'가 군살

한국어의 '명사 + 명사' 구조 → 영어는 '명사 + 명사'만 번역 (뒤 명사가 생략됨)

어떤 것이 틀리고 맞고가 아닙니다. 각 언어의 표현이 다를 뿐입니다. 그러니 평생 이런 한국어에 익숙한 우리는 처음에는 이런 영어식 번역이 불편합니다. 하지만 좋은 통번역은 언어 특징을 반영해야 합니다. 다른 언어를 같은 방식으로 써서는 안 됩니다.

왜냐하면 우리가 평생 써 온 표현대로 번역하면 우리 눈에만 익숙하고 자연스럽기 때문입니다. 내 번역을 읽는 외국인에게는 군살입니다.

번역 + 물 translation works → translations

기후 변화 현상이 심각하다. → Climate change deepens.

'deepen(심화되다)' 어디까지 가능할까?

기후변화 현상이 **심각하다.**
Climate change **deepens.**

사회적 불평등이 **더 커진다.**
Social inequality **deepens.**

이번 행사는 다른 문화를 **깊이** 이해하는 계기가 될 것이다.
This event is an opportunity to **deepen** an understanding of different cultures.

양측은 경제협력을 **강화할** 것으로 보인다.
The two sides are expected to **deepen** economic cooperation.

성별에 따른 임금격차가 **더욱 벌어지고 있다.**
The gender wage gap **deepens.**

- 연구 내용에 따르면 / 연구 결과에 따르면 → Research suggests that
- 현재의 기술 기획 업무 체계 → The current system of technological planning
- 시장 상황이 불안정하다. → The market is faltering.
- 토요일 늦은 시각 발표된 성명을 통해 → in a statement released late

Saturday

• 규제 제도가 미비하다 → Regulations are insufficient.

• 글로벌 차원의 안보 제공자 → a global security provider

• 화재 발생 여부는 아직 보고되지 않았다. → Fires have not been reported.

• 언론에 종사하는 사람으로서 → as a person in the media

• 계정을 통해 가족의 일상과 자선 활동 소식을 전했다. → They have posted their lives and charities on their account.

• 올림픽 개최 방안을 검토하다. → review hosting the Olympics

• 성장률 전망차 → a projected growth rate ('률'과 '치'는 중복 → '률'과 '치' 중 하나 제거 → '전망된 성장률'로 뒤집기)

• 정부는 자국민 구조 작업에 최선을 다할 것이라고 했다. → The government vows to mobilize forces to rescue citizens.

• 공항의 안전 확보가 우선이다. → Security of the airport is a priority.

• 한국이 석유를 생산하는 공장을 가동하려고 합니다. → Korea is planning to operate a production plant for oil. 혹은 Korea is planning to start oil production.

• 켈로그 회사의 근로자들이 총파업에 돌입했다. → Kellogg's employees have staged a general strike.

• 당국은 방침을 지키지 않는 위반 업소들을 본격적으로 단속할 예정이다. ('방침을 지키지 않는'의 의미: 위반) → Authorities will aggressively go after businesses defying this order.

• 전력난으로 병원내 환자들의 목숨이 위험한 상황에 놓였다. → Electricity shortage puts patients in hospitals at high risk.

범죄 조직들이 연료 터미널을 오가는 트럭의 통행을 막았다. ('오가는'의 의미: 통행) → Gangs are preventing fuel trucks from accessing and leaving gas terminals.

'prevent(막다)' 어디까지 가능할까?

조기에 생활 습관을 개선할 시 당뇨가 악화되는 것을 **막을 수 있다.**
Early improvement in their lifestyle can **prevent** diabetics from worsening.

이 같은 방침은 백신 미접종자의 출입을 **금지하는** 가장 엄격한 조치이다.
This policy is the strongest to **prevent** the unvaccinated from accessing facilities.

코로나 감염 우려 때문에 학원에 많이 **가지 않았기** 때문입니다.
The fear of infection during the pandemic **prevented** students from going to private academies.

해당 기업들이 결제 데이터를 통해 소비자의 지출 습관을 통제해서 소비자들이 결제 서비스에 대한 선택권을 **잃게 될** 수 있다.
The companies are eager to use payment data to gain more control over consumer spending habits to **prevent** them from opting for payment services.

이번 지침으로 많은 과체중 미국인들이 사전에 당뇨를 **예방할 수** 있을 것으로 전망된다.
The latest guidance is expected to **prevent** many obese Americans from developing diabetes.

새 투표법은 투표소에서 유권자들의 질문에 대해 선거 요원들이 응답**하지 않도록** 하고 있다.
The new voting law **prevents** election staff from responding to voter inquiries.

중국 정부가 이번 사태의 충격이 부동산 업계 전반으로 확대하지 **않도록** 적극적으로 대응하고 있습니다.

The Chinese government has actively responded to the crisis to **prevent** its ramification from spreading to the entire real estate market.

가계 빚이 경제를 뿌리째 흔들지 **않도록** 해야 한다.

Household debt should not **prevent** economic instability.

오미크론의 추가 유입 **차단에** 전력을 다해 주시기 바랍니다.

I ask you to do everything you can to **prevent** more Omicron cases from entering the country.

인도주의적 사유가 있는 사람, 의료 문제로 인해 백신 접종을 **하지 못한** 사람들은 백신 접종 의무화의 적용을 받지 않습니다.

Those who have humanitarian and medical issues that **prevent** them from being vaccinated are exempted.

Ex. 트위터는 코로나19 및 대선 관련 허위 정보 확산을 막기 위해 문제의 소지가 있는 트윗에 경고 표시를 **붙이는** 방식을 도입한 바 있습니다.

[번역] Twitter labelled suspicious tweets with warning signs to prevent misleading content on the pandemic and the U.S. presidential election.

Ex. 점심 식사 후 또는 저녁 식사 후에 운동을 하면 운동 효과가 떨어진다.

[번역] Exercising after lunch or dinner has a low impact.

Ex. 식사 직후 운동을 하면 소화를 위해 소화 기관 근육에 집중돼야 할 혈류가 골격근으로 몰려 소화 활동이 둔해질 수 있다.

번역 Exercising right after a meal is likely to slow down digestion as blood for digestive muscles is supplied to skeletal muscles.

Ex. 페이스북은 십 대 청소년의 안전과 부모의 감독 기능 강화에 초점을 맞춰 연구를 계속할 계획이라고 밝혔다.
번역 Facebook reportedly will sustain its research with a focus on enhancing child safety and greater parental supervision.

Ex. 언론은 오징어 게임은 한국의 가정들이 저성장과 소득 정체 현상을 뉴노멀로 맞이하고 있는 가운데, 암울한 경제 상황에 관한 한국 사회의 좌절감을 반영한 것이라고 묘사했다.
번역 The media describes that Squid Game reflects the frustration Korea society has been facing amid the grim economy as Koreans inevitably have to embrace low growth and stagnant income as the new normal.

〈오징어 게임〉

〈오징어 게임〉이 세계를 강타하면서 동시에 자막 번역이 문제화되었습니다. 많이 회자되는 예로는 대사 중 한 미녀의 '뭘 봐'를 go away로, '오빠'를 old man으로 번역한 사례입니다. 하지만 문제 제기만 되었을 뿐 바른 번역은 제시되지 않아 몇 가지 오역 사례와 함께 번역을 제시해 보겠습니다.

먼저, 위의 '뭘 봐'의 의미가 중요합니다. 번역은 글자가 아니라 의미 전달이니까요. '뭘 봐'의 의미는 무엇일까요? '너가 뭔데 주제넘게 끼어들려고 하냐'는 것입니다. 그러니 'What do you want?'를 제안합니다.

또한 경칭어가 문제가 되었습니다. 문화 차이 때문입니다. 영어권은 친해지면 자신의 이름을 불러 달라고 합니다. 하지만 한국어는 친척이 아니지만 '형' '오빠' '언니' '누나' '할머니' '할아버지'로 부릅니다. 위의 예인 '오빠'를 왜 갑자기 old man으로 번역했는지 의문이 듭니다. 다른 장면들에서는 '오빠'를 babe라고 번역했기 때문입니다. 또한 babe도 문제가 됩니다. 여성이 남성에게 잘 쓰지 않기 때문입니다. 대신 'honey' 'darling' 'sweetie' 혹은 'sweetheart'를 제안합니다.

또한 어색한 번역이 '5화 평등한 세상'에 나옵니다. 파키스탄에서 온 '알리'가 '상호'에게 계속 '사장님'이라고 부르자 '이제 형이라고 해'라는 장면입니다. 이에 대한 번역이 'Call me Sang-ho' 였습니다. '이제 형이라고 해'는 앞으로 '돌봐 주겠다'는 의미가 내포되기 때문에 한국적 정서가 반영되지 않은 번역입니다. 그런 의미를 감안해서 'Call me bro'로 언니나 누나는 'Call me sis'를 제안합니다.

또한 '줄다리기' 편에서 덕수가 힘센 남자들로만 팀을 짜려고 하자 '한미녀'가 와서 팀에 넣어 달라고 사정하는 장면이 있습니다. 이럴 때 한미녀를 밀쳐내면서 '이름이 아깝다'라는 장면이 있습니다. 그리고 이에 대한 번역은 'She is not worth the effort'로 극의 장면과 상반되는 번역이 되었습니다. '팀에 넣어 달라는 노력'은 한미녀가 했는데 밀친 멤버들이 '노력'을 하려고 한 것처럼 되었습니다. 'She is not worth the effort'의 의미는 '그녀는 우리가 노력을 할 가치가 없다'는 의미입니다.

예 She is not worth the effort talking: 그녀는 말할 만한 가치도 없다

그래서 'She doesn't deserve her name, a beauty'를 제안합니다.

그 후 혼자 남은 한미녀는 '깍두기'가 되고 그 번역은 'the weakest link'입니다. 하지만 적절한 번역은 아닙니다. 'the weakest link'의 정의는 'the person who is making the least contribution to the collective achievement of the group'으로 팀원 중 '가장 약자'를 가리키는데 한 미녀는 팀원이 되지 못했으니까요. 이 표현이 가장 많이 회자되는 것은 'A chain is only as strong as its weakest link'입니다. 즉, '사슬은 가장 약한 고리 만큼만 강하다'는 뜻으로 '협력'을 강조하는 표현입니다.

하지만 '깍두기'의 국어사전의 뜻은 '어느 쪽에도 끼지 못하는 사람'입니다. 그러니 팀의 '가장 약한 고리'가 될 수 없습니다. 그 장면에서 팀을 만들지 못한 최후의 일인은 팀을 구성하는 룰을 지키지 못했으므로 살해당할 것으로 시사되었으나 게임이 끝난 후 돌아온 승자들은 한미녀가 살아 있음을 보고 경악합니다. 깍두기가 되었기 때문에 오히려 살아남은 것입니다. 영어의 'a third wheel'이라는 표현도 좋고 드라마에서는 깍두기가 된 외톨이를 사회적 정의 차원에서 보호해 오히려 살아남게 된 계기가 된 것이라고 나옵니다. 그러니 그 의미를 살려 'the unlucky'를

제안합니다. 그 후 잠시나마 'the lucky'가 되었으니까요.

'구슬치기' 편에서는 노인이 구슬을 주면서 '깐부는 어떤 경우든 모든 것을 나눈다'
는 대사가 나옵니다. 그리고 'Gganbu always share everything with each other
no matter what'으로 자막이 나옵니다. '깐부'는 사실 한국 사람에게도 낯선 표현
입니다. 국어사전에는 '딱지치기, 구슬치기 등 놀이를 할 때 같은 편을 의미하는
속어로, 딱지나 구슬 등도 공동 관리하는 한 팀을 의미'라고 나옵니다. 그러니 그
의미를 살려 '(bosom) buddies'를 제안합니다.

2) 동사가 군살

한국어의 '명사 + 동사' 구조 → 영어는 '명사 + 동사'만 번역 (동사가 생략됨)

최근 발생한 지진 피해 → recent earthquake damages

진짜임을 증명하는 표시 → signs of authenticity

리콜 대상이 되다 → will be recalled

작품 전시회를 개최해 왔다 → Artifacts have been exhibited

한류가 주는 경제적 이익도 상당한 것으로 나타났다 → Economic gains
from the Korean wave are also significant.

비행기를 이용하는 여행객 → airplane passengers

신중한 태도를 보이다 → is cautious

누구든지 공정한 재판을 받을 권리가 있다 → Everyone has a right to a
fair trial.

새로 개업한 식당은 맛없다 → The new restaurant was a disappointment.

산업별로 나타나는 취약성 → industrial vulnerability

그의 신뢰성에 대한 의문을 제거하고 있는 가운데 → amid questions
over his credibility

1,000억 원을 ~~투입해서~~ 에너지 바우처를 새롭게 도입했습니다. → A 100 billion won energy voucher program has been newly introduced.

연구진은 민간의 전통 지식을 ~~기록한~~ 데이터베이스를 만들었다. → Researchers compiled a database of folk remedies.

직원들은 이렇게 많은 지원자가 ~~찾아올~~ 줄은 몰랐다고 했다. → Employees said that they didn't expect so many applicants.

바이든 대통령이 삼성을 포함한 19개 기업의 최고 경영자를 초대해 미국 내 반도체 산업 강화에 관한 화상 회의를 ~~진행했습니다.~~ → President Biden invited 19 CEOs including Samsung to a virtual meeting to strengthen the US semiconductor industry.

그 명분은 병원이 ~~겪고 있는~~ 경영난을 덜어 주자는 데 있다. → The motivation behind this move is to relieve hospitals' management burden.

~~무료로~~ 이용하고 있는 동영상 플랫폼이나 소셜 미디어가 유료가 된다. → Free video platforms and social media will be charged.

위의 예문들을 보면 다 다릅니다. '다른 지문'이죠. 하지만 '유사점'이 있습니다. 무엇일까요? 다 **동사가 생략**됩니다. 즉, 지문은 달라도 같은 번역 과정이 적용됩니다. 그래서 같은 지문이지만 다른 번역이 됩니다.

메뉴

백반집의 메뉴는 '한정식'이지만 그 구성은 조금씩 바뀝니다. 그렇지 않다면 계속 그 식당을 가기는 어렵습니다. 영어 표현도 그와 같습니다. 통번역을 할 때 많이 아는 뻔한 표현만 구사하면 신선함이 없습니다. 그런 **뻔한 표현 중 하나의 예**를 들어 보겠습니다.

'협력하다'라는 단어가 있습니다. 그러면 가장 먼저 나오는 단어가 당연히 'cooperate with'입니다. 그러면 듣고 보는 사람은 물론 본인도 재미가 없습니다. 뭔가 만드는 즐거움이 없기 때문입니다. 그 대신 work together / work closely / join forces / join efforts (in) / partner with / are teamed with 등을 쓸 줄 알아야 합니다.

Ex. 한국도 사업에 협력할 것입니다.

번역 Korea will also join forces in this project.

또 한 가지는 '기여하다'입니다. 'contribute to'가 시작이자 끝입니다. 재미없습니다. 대신 play a major(pivotal) role in / be critical to ~ing 등을 사용할 수 있습니다.

Ex. 대한민국의 이러한 노력이 성공을 거둔다면 저탄소, 기후 탄력적 경제를 이루기 위해 의미 있는 기여를 할 수 있을 것입니다.

번역 Korea's success in this effort will make a significant contribution to / play a major role in / be critical to achieving a low-carbon, climate-resilient economy.

'도입하다'도 그렇습니다. 'introduce'로 끝입니다. 하지만 '도입하다'라는 글자에서 벗어날 수 있다면 여러 표현이 가능합니다. 'begin, start, adopt' 등입니다. 아예 생략이 가능할 때 도 있습니다.

Ex. 정부가 근로시간 단축을 도입했다.

번역 1 정부가 / 도입했다 / 근로 시간 단축

The government adopted a reduction in working hours.

번역 2 정부가 / 도입했다/ 단축했다 / 근로 시간을

The government reduced working hours.

06

5W + 1H로
문장 구조를
정하라

이 번역 방법은 5W(who, what, where, when, why) + 1H(how)를 지문에 질문하면서 구조를 정하는 것입니다.

수업 시간에 지문을 보여 주고 번역 순서를 정해 보자고 운을 뗍니다. 그러면 지문의 난이도가 높을수록 호응이 적습니다. 그러면 '지문에 질문'해 보자고 합니다. 빅 픽처, 즉 큰 의미를 살펴보자는 것입니다. 난이도가 높아질수록 구조가 잘 보이지 않기 때문입니다. 그럴 경우 지문 에게 5W + 1H를 토대로 질문을 해 보면 구조가 서서히 보입니다.

그 질문은 간략하면 **'뭐가(주어) 뭘(목적어) 했지(동사)?'**입니다. 즉, 지문에 '주어와 목적어' 그리고 '했지'에 해당하는 동사를 물어보는 것입니다. 그러면 복잡해 보이는 지문도 주어와 목적어가 손을 듭니다.

그 후 주어와 목적어의 관계를 생각하며 필요한 의미 동사(한국어 지문의 글자가 아닌)를 찾습니다. 동사를 찾으면 동사의 용법으로 나머지 문장의 구조가 결정되어 구조 짜기가 수월해집니다. 그다음 많이 나오는 것이 why입니다. '뭘' 한다고 했으면 '왜' 그렇게 하는지가 다음 수순입니다. 그러면 'to 부정사'의 구조로 이어 가면 됩니다. 자, 같이 시작해 봅시다.

Ex. 정부가 최근 연료 대란을 겪고 있는 아이티에서 자국민이 철수할 것을 강력히 권고했다.

[번역 순서] 뭐가: 정부가 / 하는 것: 강력히 권고했다 / 뭘: 자국민 / 철수 / where: 아이티 / 겪고 있는 / 연료 대란 / 최근

[번역] The government urges its citizens to leave Haiti as it has suffered a fuel crisis lately.

Ex. 우리 회사 경영 방식이 한국에선 이례적인 일로 여러 대기업에서 벤치마킹을 위해 협조 요청이 쇄도했습니다.

[번역 순서] 여러 대기업(복수) / 요청을 했다 / 누구에게: 우리에게 / 뭘: 협조를 / 왜: 벤치마킹하기 위해 / 뭘: 우리의 경영 방식 / 이례적인 / 한국에서

[번역] Many large companies were eager to work with us to benchmark our management which was unprecedented in Korea.

Ex. 정부는 빅테크 기업들이 결제 데이터를 어떤 방식으로 활용하고 관리하는지 검토할 예정이다.

[번역 순서] 정부 / 예정이다 / 검토 / 뭘: 어떻게 빅테크 기업들 / 활용 / 관리 / 결제 데이터를

[번역] The government will examine how tech giants have used and managed payment data.

Ex. 공항 관리자는 모든 승객들의 대피는 한 승객이 폭발 장치를 가지고 있는 것으로 보인다는 신고에 따른 조치였다고 밝혔다.

[번역 순서] 공항 관리자 / 밝혔다 / (뭐가 뭘 했다고?)모든 승객들의 대피 / 조치였다 / 신고에 따른 조차 의한 것이다 (어떤 신고?) / that / 한 승객이 / 보인다 / 가지고 있다 / 폭발물

[번역] Airport officials said that the evacuation of all passengers was prompted by a report that the person of interest might possess an explosion.

Ex. 메타버스 플랫폼과 콘텐츠를 제공하는 기업의 성장세가 이어졌다.

[지문 의미] '메타버스 플랫폼과 콘텐츠'가 기업의 성장을 가져왔다.

[번역 순서] 메타버스 플랫폼과 콘텐츠 / 제공되는 / by 주요 기업들 / 이어졌다 (의미: 기여하다) / 그들의(주요 기업들) 성장세

[번역] Metaverse platforms and content offered by companies have served as a catalyst for their growth.

Ex. 학교 공간 혁신을 통해 지역 사회 혁신과 연계되는 거점이 될 수 있도록 하겠습니다.

[지문 의미] 학교를 혁신해서 (학교가 속한) 지역 사회도 혁신하겠다.

[번역 순서] 우리 / 혁신할 것이다 / 학교들(공간) / 왜: 이어지다 / 혁신하다 / 지역 사회

[번역] We will innovate schools, which will lead to the innovation of the surrounding communities.

Ex. 금융업의 경우 메타버스를 통해 정보 전달력과 고객 편리성을 높일 수 있을 것으로 기대된다.

번역 순서 금융업 / 기대 되어진다 / 높이다 / 정보 전달력 + 고객 편리성 / 통해 / 메타버스

번역 Financial sectors are expected to access the metaverse to enhance their information communication and customer accessibility.

Ex. 민주당원들은 새 투표법 표결 정족수 성사를 막기 위해 체포를 피해 워싱턴으로 향했다.

번역 순서 민주당원들 / 향했다 / 워싱턴 / 피해(for fear of) / 체포되다 / 왜: 막아서 / 표결 정족수

번역 Democrats decamped to Washington for fear of being arrested for their attempt to prevent a quorum.

Ex. 광고는 외국인의 시선에서 바라본 한국만의 깊이 있고 독특한 경험들을 주 콘텐츠로 삼았다.

의미 '경험'은 누가 했나요? 외국인. 즉, '외국인이 경험한 한국'이 광고 내용

번역 순서 광고 / 보여 준다 / 뭘: 깊이 있고 독특한 경험들 / whose: 외국인들 / 했던 / 한국에서

번역 The advertisement vividly shows authentic and unique experiences that foreigners have had in Korea.

Ex. 이런 민생과 직결된 법안들이 좀 더 일찍 통과되어 국민들의 고통을

덜어드릴 수 있도록 협조해 주시기 바랍니다.

[큰 의미 찾기] 바란다 / 협조 / 뭘: 통과 / 이런 법안 / 직결된 / 민생과 / 덜어 주기 위해 / 국민들의 고통

[번역 순서] 바란다 / 여러분의 협조 / 통과 / 법안들 / 직결된 / 민생 / 덜어 주기 위해 / 국민들의 고통

[번역 1] I hope that you will cooperate to **quickly pass** the bills directly related to public livelihood to alleviate the pains of our people.

[번역 2] I am looking forward to your cooperation for the **quick passage** of the bills directly related to public livelihood to alleviate the pains of our people.

'부사 + 동사'를 '형용사 + 명사'로 전환하면 훨씬 격식 높은 표현이 됩니다.

Way to create formal expressions

- 부사 + 동사 구조(한국어)를 형용사 + 명사 구조(영어)로

'형용사 + 명사' 구조의 표현은 한국어 지문에서 나오기 어려운 표현입니다. 그러니 영문에서 볼 때마다 **암기**가 필요합니다.

• **quick passage**
이 법안이 **빠르게 통과되기**를 바랍니다.
I am looking forward to the quick passage of this bill.

• **a steep rise/ steep decline**
물가가 **큰 폭으로 증가했다/감소했다.**
The price began a steep rise or decline.

- **early fatigue**

식사 후 바로 운동을 하면 **쉽게 지친다.**

Working out right after a meal causes early fatigue.

- **early release**

인질들이 **빨리 석방되기** 위해 물밑 작업이 진행중이다.

Secret meetings are underway to secure the early release of hostages.

- **immense pressure**

사람들이 성공에 대한 **압력을 많이** 받고있다.

People are exposed to immense pressure to succeed.

유튜브가 가짜 뉴스를 **즉시 금지**시킬 것이라고 발표했다.

You Tube announced immediate bans on fake news.

내 몸과 정신은 내가 **완전히 조절**할 수 있어야 한다.

I should have **complete control** of my body and mind.

07

생략된 주어를
찾아라

한국어는 주어 생략이 많다는 특징이 있습니다. 그래서 한국어 지문 그대로 번역하면 수동태 문장이 많거나 불가능한 경우가 많습니다. 이럴 때 지문 중 '동사'와 관련된 '주어' 혹은 '목적어'를 추가하면 쉽게 문장이 만들어집니다. 다음 문장들로 살펴보겠습니다.

Ex. 미국 푸드 뱅크의 대기 줄이 여전히 길게 이어지고 있습니다.

설명 '대기 줄이 길다'는 'The waiting line is long'으로 할 수 있습니다. 하지만 지문의 '푸드 뱅크' 등 '~관한 대기 줄이 길다'는 '주어'가 필요합니다.

번역 순서 긴 대거 줄의 사람들 / 대기한다 / 푸드 뱅크

번역1 A long line of people are waiting for food banks.

번역2 People are waiting in long lines at food banks.

'wait(기다리다)' 어디까지 가능할까?

Ex. 그녀와 빨리 결혼하고 **싶다.**

`번역` I **can't wait** to be her husband.

미 영화배우 조지 클루니가 인권 변호사인 아내와 결혼 직전 가진 인터뷰에서 했던 말입니다.

Ex. 파리는 **나중에** 갈수 있어.

`번역` Paris can **wait.**

〈파리로 가는 길〉로 번역되어 상영된 영화 제목입니다. 이 표현을 사용할 때는 주의를 요합니다. 부부가 같이 가서 관공서 일을 보는데 남편이 아내에게 물어보지 않고 직원의 질문에 'She can wait'라고 대답해서 큰 부부 싸움으로 이어진 장면이 생각납니다. '그녀의 일은 미뤄져도 된다', 즉 '중요하지 않다'는 의미가 되기 때문입니다.

Ex. 저녁 **준비가 다 되었다.**

`번역` Dinner is **waiting** for you.

Ex. 이제는 **지켜볼** 일만 남았다.

`번역` Now, we will have to **wait** and see.

Ex. 실내 시설에 입장하려면 백신 증명서를 제출해야만 한다.

`설명` 누가 입장하고 누가 제출하는지 생각해 봐야 합니다.

`번역 순서` 사람들 / 입장 / 실내 시설 / 제출해야만 한다 / 백신 증명서

`번역` People who want to enter indoor facilities should present a proof of vaccination.

무생물 주어를
활용하라

다음 두 지문의 공통점은 무엇일까요?

1. 기후 변화에 따라 물을 확보하기 위한 국가 간, 지역 간 경쟁이 치열해
   질 전망입니다.
2. 이 연구는 문헌 기록을 남겨 놓아야 우리 식물을 가지고 제품을 만든
   외국 기업과의 특허 싸움에서 이해 당사자들이 이길수 있다는 이유에
   서 시작되었다.

지문 1의 번역 순서는 다음과 같습니다.

[번역 순서] 경쟁 / 국가 간 / 지역 간 / 전망이다 / 치열해질 / 확보하기 위해 /
물을 /

- **기후 변화에 따라**는 어디에 넣어야 할까요?

지문 2의 번역 순서는 다음과 같습니다.

[번역 순서] 이 연구는 / 시작되었다 / 이유로 / that / 이해 당사자들이 / 이길 수 있다 / 특허 싸움에서 / 외국 기업과 / 제품을 만든 / 우리 식물로

- 문헌 기록을 남겨 놓아야는 어디에 넣어야 할까요?

두 지문의 공통점을 알기 위해서는 빅 픽처를 찾아야 합니다.

지문 1의 **주어**는 **경쟁**이 아니라 **기후 변화**가 되어야 합니다. 왜냐하면 '기후 변화'가 '경쟁'을 일으켰기 때문입니다.

지문 2의 주어는 **문헌 기록을 남겨 놓아야**가 되어야 결국 특허 소송에서 이길 수 있습니다.

결코 '주어'로 보이지 않는 한국어 표현이지만 각각 **'기후 변화'**와 **'문헌 기록(남겨 놓아야)'**이 **주어**가 됩니다.

[번역1] **Climate change** will intensify/spark/stir/stoke competition among countries and regions to gain access to water.

[번역2] The research was conducted for a reason that **documentary evidence** would successfully empower Koreans involved to win patent lawsuits against foreign companies who commercialize Korean plants.

'involve(관련되다)' 어디까지 가능할까?

이 연구는 문헌 기록을 남겨 놓아야 우리 식물을 가지고 제품을 만든 외국 기업과의 특허 싸움에서 **이해** 당사자들이 이길수 있다는 이유에서 시작되었다.

The research was conducted for a reason that documentary evidence would successfully empower Koreans **involved** to win patent lawsuits against foreign companies who commercialize Korean plants.

언택트 문화로 산업 전반의 각종 서비스들이 디지털로 전환됐다.
Amid the contactless trend, a host of services **involving** many industries have been digitalized.

대규모 네트워크 장애가 **있을 수 있는** 라우팅 작업을 주간에 진행해서 장애가 발생했다고 밝혔다.
Routing work **involving** massive network disruptions was done during daytime, resulting in many errors.

온라인 주식 거래 어플인 로빈후드사는 해킹 후 금품 요구가 **있었다며** 수사 기관에 사건을 알렸습니다.
Robinhood, an online application for stock investment, reported the hacking **involving** a ransom payment to the authorities.

이 합의가 금전적 배상에 **관한 것은** 아니다.
The settlement does not **involve** monetary compensation.

비건 식단은 채소로 **구성된다.**
A vegan diet **involves** eating only foods comprising plants.

사물 인터넷을 이용하는 제품이 늘어나는 것은 사용하는 데이터 통신량이 그만큼 많아진다는 **뜻입니다.**
More products embedded with IOTS will **involve** much more data communication.

이 기술로 인해 필수 분야에만 **활용됐던** AR 기술이 그 영향력을 확장하는 추세다.
This technology enables AR technology **involved** in essential sectors to be used widely in other sectors.

비트코인 가격이 비트코인 거래소들의 해킹 사건으로 순식간에 140달러까지 폭락했다.

Following a hacking incident **involving** the Bitcoin exchanges, Bitcoin's price plunged to $140.

'include(포함하다)' 어디까지 가능할까?

연예인들이 대거 행사에 **등장한다.**
This event **includes** many celebrities.

전 세계적으로 지속 가능성이 주요한 의제로 **등장했다.**
A major global agenda **included** sustainability.

피부양자의 재산을 따질 때 자동차는 **고려하지 않는다.**
Dependents' assets do not **include** cars.

세계 인구의 40%**인** 80여 개국에서 **물 부족** 사태를 빚고 있다고 한다.
About 80 countries **including** 40% of the world population are experiencing water shortages.

데이터 베이스에는 자생식물 52종을 85가지 용도로 사용했다는 **기록이 있다.**
This database **includes** 52 native plant species used for 85 purposes.

CES 주최 측인 미국소비자기술협회(CTA)에 따르면, CES 2022에는 1500개 이상의 기업이 **참가한다.**
CTA, a host of CES, announced that CES 2022 **includes** more than 1,500 companies.

국내 주요 참관 사로는 삼성전자, LG전자, 현대차 등이 **이름을 올리고 있다.**
Major Korean observers **include** Samsung Electronics, LG Electronics, Hyundai Motors and others.

다음의 문장들도 무생물 주어로 시작해 보겠습니다.

Ex. 전자 담배 판매에 관한 식약청의 검토가 마무리되면 전자 담배 시장이 재편될 것이라는 전망입니다.

[주어] 전자 담배 판매에 관한 식약청의 검토가 마무리되면 → 마무리 of 검토 / 전자 담배 판매 / 식약청

[번역 순서] 마무리 of 검토 / 전자 담배 판매 / 식약청 / 전망이다 / 재편되다 / (전자 담배) 시장이

[번역] The completion of the review on vaping sales by the FDA is expected to reshape its market.

Ex. 세계기상기구는 세계가 화석 연료를 무한정으로 계속 사용할 경우 지구 온도는 2100년에 4도 이상 상승할 것으로 전망했습니다.

[주어] 세계가 화석 연료를 무한정으로 계속 사용할 경우 → 무한정 사용 of 화석 연료 / 세계가

[번역 순서] 세계기상기구 / 전망했다 / 무한정 사용 of 화석 연료 / 세계가 / 할 것으로 / 시키다 / 지구 온도 / 상승 / 4도 / 2100년

[번역] The World Meteorological Organization forecasts that unabated use of fossil fuels worldwide is likely to cause Earth's temperature to rise by more than 4 Celsius degrees by 2100.

2100년이면 몇 살일까?

2100년에 지구 온도가 4도 상승할 것이라는 내용의 지문을 얼마전 수업 시간에 다뤘습니다. 그래서 한 학생에게 '○○는 2100년이 되면 몇 살'이냐고 물어봤습니다. 그리고 혹시 그때 살아 있으면 지구 온도가 4도 상승했는지 나 대신 확인해 달라고 부탁했습니다. 저는 아무리 노력을 해도 확인 불가능한 일이니까요.

그 학생이 대학원생이니 지금 아무리 어려도 2100년이면 100살이 넘을 것입니다. 그리고 그때 생존해 있다고 해도 도전할 수 있는 일은 많지 않을 것입니다. 그렇게 시간은 갑니다. 그러니 내 인생에서 가장 젊은 오늘, 지금 하고 싶은 것이 있고 할 수 있다면 망설이지 말고 도전하시길 바랍니다!

Ex. 국제 사회의 단합되고 조율된 입장이 북한을 올바른 선택을 하도록 할 것입니다.

[번역 순서] 국제 사회의 단합되고 조율된 입장 / 하도록 할 것이다 / 북한 / 올바른 선택

[번역] The international community's united and coordinated stance will force the North to make a right direction.

Ex. 클린턴 대통령이 중환자실에 입원하면서 그의 상태가 위중한 것이 아니냐는 추측이 있었다.

[주어] 클린턴 대통령이 중환자실에 입원하면서

[짝 찾기] 클린턴 대통령의 입원 to 중환자실

[번역 순서] 클린턴 대통령의 입원 to 중환자실 / 생기게 했다 / 추측 / that 그의 상태 / 위중

번역 The former president Clinton's admission to the intensive care unit led to speculation that he is in serious condition.

09 중심축 명사와 어울리는 표현을 찾아라

한국어 표현은 다양하고 풍부합니다. 그런 만큼 한영 번역을 할 때는 큰 벽으로 다가올 때가 많습니다. 한국어의 그런 표현들을 영어 단어로 외우지 않았기 때문입니다.

다음 밑줄에 공통으로 들어갈 단어는 무엇일까요?

Ex. 다양한 프로그램이 있다.

`번역` Many programs are _____.

Ex. 학생 중심의 수업이 이루어져야 한다.

`번역` Student-centered class should be _____.

'~ 있다', '~이 이루어지다'라는 단어는 외워 본 적이 없어 쉬워 보이지만 그렇지 않습니다. 이 문제를 쉽게 해결하는 방법은 '~ 있다', '~이 이루어지다'의 글자는 잊어버리는 것입니다. 그리고 함께 쓰일 '프로그램' 혹은 '수업'과 **의미**가 맞는 '동사'를 찾는 것입니다.

🔲답 offered / prepared / available

코로나19로 여행이 어렵습니다만 '표현 찾기' 여행은 언제든 가능합니다. 시작해 보겠습니다.

Ex. 백신 계발로 여행 업계가 기지개를 켜고 나섰습니다.

의미 백신이 계발되어 여행업이 재개되었다.

번역 The development of vaccine encourages the travel industry to resume its business.

Ex. 앞으로 변화하는 여행 트렌드에 맞춰 관광객 유치에 집중하겠다.

의미 변화하는 여행 트렌드를 반영하여 좀더 많은 관광객을 유치하겠다

번역 We will accommodate shifts in tourism to engage more tourists.

Ex. 기업과 노동자들이 함께 키워 온 우리 경제의 저력이 위기를 맞아 또 한 번 빛을 발한 결과이기도 합니다.

의미 저력이 위기의 상황에서 큰 기여를 했다.

번역 The resilience of the Korean economy which companies and workers have grown together has played a pivotal role in dealing with another crisis.

같은 표현 다른 의미

다음 두 문장을 봅시다.

1. 국민들에게 권고되는 암 검사 시기가 55세에서 50세로 **앞당겨졌습니다.**
2. 총선이 예정보다 **앞당겨졌습니다.**

모두 '앞당겨졌습니다'가 들어 있습니다. 각각 무슨 의미일까요?

지문 1.에서는 '암 검사 시기'가 50세로 '낮추어졌다'입니다. 그리고 '암 검사 시기'가 아니라 뒤에 나이가 나오니 지문에 있는 '시기' 대신 '나이'로 번역해야 합니다. 즉, '암 검사 나이'가 '55세에서 50세로 낮아졌다'로 번역합니다.

지문 2.의 '앞당겨졌다'는 글자만 같을 뿐 지문 1.의 의미와는 아무 관계가 없습니다. 총선 시기가 예정된 날짜보다 '빨리 실시된다'는 의미입니다.

번역 1 The recommended age for cancer tests **is lowered** from 55 to 50.

번역 2 The general election will **be held ahead of the schedule.**

10

긍정과 부정을
반대로 표현하라

반대로 생각해 보는 것은 표현을 찾는 데 큰 힘이 됩니다.

Ex. 원격 의료는 더는 미뤄 둘 수 없는 과제가 됐다.

[직역] Telemedicine is a task that can be delayed further.

[의미] 더는 미뤄 둘 수 없는 → 긴급한

[번역] Telemedicine is an impending issue.

Ex. 병원이 환자 수가 감당할 수 없는 지경에 이르자 일부 환자들은 텐트에서 치료를 받는 중이다.

[직역] As hospitals cannot treat their patients, they are treating some patients in tents.

[의미] 감당할 수 없다 → 더 많이 있다

[번역] As hospitals have more patients than they can accommodate, some are treated in tents.

Ex. 양측 간의 마찰은 쉽게 해결되지 않을 것으로 전망된다.

[직역] Tension between the two sides is expected not to be solved easily.

[의미] 쉽게 해결되지 않다 → 지속된다

[번역] Tension between the two sides is expected to persist.

Ex. 주택 부족 상황이 쉽게 해결되지 않을 것이라는 의견이 전문가들로부
터 나오고 있다.

[직역] Experts warn that the housing supply crunch is unlikely to be
solved easily.

[의미] 쉽게 해결되지 않다 → 장기화된다

[번역] Experts warn that the housing supply crunch could linger / be prolonged.

Ex. 보잉 737은 이륙 6분 만에 추락, 승객 전원이 사망했다.

[직역] Boeing 737 crashed six minutes after its takeoff and all passengers died.

[의미] 전원이 사망 → 생존자가 없다

[번역] Boeing 737 crashed six minutes after its takeoff with no survivors.

Ex. 그녀가 조감독과 같이 일했을 때도 조감독은 안전 규정을 지키지 않았다고 합니다.

[직역] When she worked with the assistant director, he didn't keep safety protocols.

[의미] 지키지 않았다 → 무시했다

[번역] When she worked with the assistant director, he ignored safety protocols.

Ex. 그는 자신을 해명하려 노력했으나 큰 성과가 없었다.

[직역] He made efforts to excuse himself but had nothing.

[의미] 큰 성과가 없었다 → 거의 실패했다

[번역] His efforts to excuse himself have largely failed.

'largely(크게)' 어디까지 가능할까?

지난 해 저성장의 원인은 **무엇보다**도 수출 부진이었다.
Last year's moribund growth is attributed **largely** to sluggish exports.

부동산 경기 둔화가 투자가 감소된 **주요 이유다.**
Investments declined due **largely** to the dwindling property boom.

코비드19는 물류 분야의 디지털 촉진화에 **큰 기여를 했다.**
The pandemic has **largely** accelerated digitalization in the logistics sector.

식당들이 이번주까지 **많이** 문을 닫는다.
Restaurants **largely** have closed until this week.

이 드라마들은 **상당 부분** 역사적 사실에 기초한다.
These dramas are **largely** based on historic facts.

터키는 국민 **대부분이** 이슬람이다.
Turkey is a **largely** Muslim nation.

대체로 공산주의 체제였던 중국 경제는 지금도 그렇다.
The Chinese economy that used to be **largely** communist still is.

원문에서 진짜 동사를 찾아라

한국어 지문의 끝이 언제나 영어 동사에 해당되지는 않습니다. 다음 문장을 통해 알아보겠습니다.

Ex. 우리 회사는 탄탄한 재무구조를 바탕으로 **안정적인** 경영을 해 나가고 있습니다.

번역 예시 1 We have been able to keep our business **stable** with robust finances.

번역 예시 2 We are conducting **stable** business based on our strong financial structure.

번역 예시 3 We are now managing our business **stably** on the foundation of our robust financial systems.

대부분의 경우 동사를 '해 나가고 있습니다'로 꼽습니다. 그중 번역 예시 3 은

'경영을 해 나가고 있습니다'에서 **경영을 동사로** 번역했습니다. 더 넓은 범위로 동사를 찾았습니다. 그렇듯 동사가 꼭 한국어 지문의 끝에서만 해당되지는 않습니다. 먼저 '안정적인 경영을 해 나가고 있다'의 의미는 무엇일까요? '안정적인 경영을 한다 → 경영을 안정화시켰다'도 가능하겠지요. 즉, **한국어 지문의 형용사를 동사로 번역**할 수 있습니다.

번역 Our balanced portfolio enables us to **stabilize** the management of our company.

다른 문장에서도 동사를 찾아보겠습니다.

Ex. 기아 자동차의 투자로 조지아주가 더욱 급속히 자동차 생산의 중심지로 부상할 수 있을 것으로 보인다.

빅 픽처 기아 자동차의 투자 / 조지아주 / 부상시킬 것이다 / 급속히

대부분은 '부상시키다'를 동사로 선택합니다. 맞습니다. 하지만 차별화된 번역을 위해 또 다른 동사 찾기도 가능해야 합니다. '급속히'를 **급속화시키다**로, 즉 **한국어 지문의 부사를 동사로** 번역하는 것입니다

번역 Kia's investment in Georgia can **accelerate the emergence of** the state as a hub of auto manufacturing.

Ex. 지난해 만 6세 이상 1만 명을 조사한 결과 조사 대상의 48.4%가 SNS를 이용했습니다.

의미 1만 명을 조사한 결과 → 1만 명이 조사되었다

번역 Ten thousand people aged 6 and older were surveyed last year and

48.4% of the respondents used social network services.

Ex. 두 분이 적절한 합의에 도달할 수 없다면 다음 단계는 결혼 생활 상담을 받아야 합니다.

［의미］ 합의에 도달하다 → 합의하다

［번역］ If the two of you cannot compromise, the next step is marriage counselling.

'compromise(합의하다)' 어디까지 가능할까?

결혼 생활은 소통과 **협상**이다.
Marriage involves communication and **compromise**.

내 원칙을 **굽힐** 생각이 없다.
I refuse to **compromise** my principle.

우리의 기본입장을 **양보하**지 않을 것이다.
We will not **compromise** our basic stance.

품질은 **그대로이면서** 빠르고 편리한 식사가 필요하세요?
Need a quick and convenient meal **without the compromise of** quality?

거리 관계상 제품의 질이 **떨어질** 수 있다.
The distance can **compromise** quality.

현황을 고려해 숫자가 **조정이 되었다.**
The number **is compromised** in consideration of the current status.

> 이번 정보 유출로 수백만의 고객 정보가 **손상되었다.**
>
> This data breach has compromised the data of millions of customers.

Ex. 이 작품이 여러 국가에서 경매를 거쳤다.

[의미] 경매를 거쳤다 → 경매되었다

[번역] This work was auctioned in several countries.

Ex. 에어비앤비는 2021년부터 난민들에게 피난처를 제공해 왔습니다.

[의미] 피난처를 제공해 왔다 → '피난처'를 동사로 번역

[번역] Since 2012, Airbnb has sheltered / housed many refugees.

Ex. 한 탑승객이 갑자기 비상구를 열고 비행기 날개로 뛰어내렸다.

[의미] 비상구를 열다 → '비상구'를 동사로 번역

[번역] A passenger suddenly exited and jumped onto the wing of a plane.

Ex. 코로나19로 인해 인스턴트 식품의 수요가 급증했기 때문에 근로자들은 작년 한 해 지나친 과로에 시달렸다고 주장했습니다.

[의미] 지나친 과로에 시달리다 → '과로'를 동사로 번역

[번역] Workers claimed that they were overworked last year because demand for instant food soared amid the pandemic.

Ex. 해고된 근로자들은 신청서를 시스템에 기입하고 정보를 확인하는 업무를 담당한 것으로 알려졌다.

업무를 담당했다 → '업무'를 동사로 번역

번역 The dismissed workers were apparently tasked with entering application information into the system and verifying it.

Ex. 연료가 바닥나자 물 펌프를 가동할 수 없어 식수난이 발생하는 등 국가 전체가 마비 상태에 놓였다.

의미 마비 상태에 놓였다 → 마비되었다

번역 The fuel crisis has technically paralyzed the country as the challenge has halted water pump operations, leading to water shortages and other issues.

'등(etc.)' 어떻게 번역할까?

other + 문맥에 맞는 복수 명사

식수난이 발생하는 **등**
water shortages and **other** problems

시리얼, 과자 **등**을 생산하는 기업 '켈로그' 근로자가 파업에 들어갔습니다.
The employees of Kellogg's, which produces cereals, cookies and **other foods**, have staged a strike.

미국 연방 정부의 사회 안전망 정책이었던 추가 실업 수당 제도 **등**이 연달아 종료되고 있다.
Additional unemployment benefits, and **other** federal social safety network **policies** expire.

대통령과 교황은 코로나19, 기후 위기, 빈곤 문제 **등**에 대해 논의할 예정이다.

The president and the pope will discuss the end of the pandemic, response to the climate crisis, poverty, and **other issues**.

Ex. 일각에서는 탄소 중립 목표 설정을 놓고 우려의 목소리를 내고 있다.

〔의미〕 우려의 목소리를 내고 있다 → 우려한다

〔번역〕 Some are concerned about the goal of carbon neutrality.

Ex. 전 회사 중역이 회사를 상대로 역차별 소송을 제기했다.

〔의미〕 소송을 제기했다 → 소송하다

〔번역〕 A former executive sued the company for reverse discrimination.

Ex. 이 제안에 대해 미국 정부는 강한 반대 의사를 표명했다.

〔주어〕 미국 정부

〔동사〕 강한 반대 의사를 표명했다: express a strong opposition to → 반대했다

〔목적어〕 이 제안

〔번역〕 The U.S. government opposed this proposal.

cf.) **oppose**: to **disagree strongly** with somebody's plan, policy

12

의미를 살려
동사를 선택하라

다음 문장으로 설명하겠습니다.

Ex. 국내 공식 1호 에이즈 감염자는 남성 A씨(55)로 1985년 감염됐다. 국내에서 헌혈을 하던 중 외국에서 감염됐다는 사실을 알게 되었다. A씨가 **다니는** 병원 관계자는 '환자가 지금처럼 건강을 관리하면 기대 수명만큼 살 수 있을 것'이라고 말했다.

[의미] '다니는' → 치료받는 (같은 '다니는'이지만 환자가 아니라 직원이라면 어떤 동사를 써야 할까요? **work** for the hospital이라고 해야겠습니다.)

cf.) 그는 대학에 **다닌다**: He has **enrolled** in the college.

[번역] Mr A aged 55, the first AIDS patient on the domestic front, was infected in 1985. He <u>learned of</u> his infection when he had donated blood. An official from the hospital where he has **been treated** said, "I expect that he can live normal life expectancy if he keeps managing his health."

---

learn vs. learn of

learn(알게 되다): to gain knowledge from experience or from being taught

Ex. 두 가지 교훈을 알게 되었다.

[번역] I have learned two lessons.

learn of(듣다): become aware of something by hearing about it from somebody

Ex. 그의 최근 소식을 들었다.

[번역] I learned of his recent years.

Ex. 걷기 운동의 올바른 자세는 우선 등을 똑바로 펴고 목을 세운 후 턱을 살짝 당긴다.

[의미] 똑바로 펴고 / 세운다 → straighten(다른 글자 같은 의미)

[번역] The right posture for walking is to straighten your back and neck with your chin slightly pulled down.

Ex. 제4차 산업 혁명 위원장이 지난달 본지 인터뷰에서 정부 관계자 중 처음으로 원격 의료 카드를 꺼내 들었다.

[의미] 카드를 꺼내 들었다 → 문제를 제기했다/언급했다

[번역] A chair for the 4th Industrial Revolution committee was the first among governmental officials, who brought up remote medical service.

Ex. 트위터에서 활발하게 목소리를 내 온 트럼프 전 대통령은 이제 자신의 미디어 플랫폼을 통해 자신의 목소리를 낼 것으로 예상됩니다.

[의미] 활발하게 목소리를 내 온 → 활발히 사용

[의미] 자신의 목소리를 내다 → 자신의 의견을 밝히다

[번역] Once an active Twitter user, he is expected to express his views via his own platform.

Ex. 대학의 수업 방식도 기존의 오프라인 강의에서 벗어나 온라인 학습 방법과 연계하고 있습니다.

[의미] 벗어나 + 연계하고 있다 → 병행하고 있다

[번역] Colleges are offering online classes beside traditional on-campus classes.

Ex. 수도권처럼 광역을 일일 생활권으로 연결하는 대중 교통망 형성 사업을 적극적으로 추진해 주기 바랍니다.

[의미] 적극적으로 추진하다 → 신속히 하다

[번역] I hope that you will expedite the project for building mass transportation connecting wide areas to develop a one-day life zone like metropolitan areas.

Ex. 이번 사임은 미군이 아프간에서 철수한 후 나온 결정으로 전문가들은 이를 아프간 철군 과정에서 발생한 혼란에 대한 문책성 인사로 분석하고 있다.

[의미] 문책성 인사 → 책임을 지고 사임하다

[번역] He is forced to resign because he is responsible for the chaotic U.S. withdrawal from Afghanistan according to experts.

Ex. 약 1년 전에 세상에 나온 클럽하우스는 중국에서 검열의 고배를 마셨지만 오디오 전용 소셜 미디어의 표준으로 자리매김하려고 한다.

[빅 픽처] 클럽하우스가 / 자리매김하려고 한다 / 고배를 마셨지만

1) 약 1년 전에 세상에 나온 클럽하우스 → 클럽하우스 / 세상에 나온(의미: 출시하다) / 약 1년 전

2) 중국에서 검열의 고배를 마셨다 → 고배를 마셨다(의미: 실패했다) / 중국 검열

3) 오디오 전용 소셜 미디어의 표준 → 소셜 미디어 표준 / 전용 / 오디오

4) 자리매김하려고 한다 → 되려고 한다

[번역 순서] 클럽하우스 / 출시된 / 1년 전 / 실패했다 / 중국 검열 / but / 되려고 한다 / 소셜 미디어 표준 / 전용 / 오디오

[번역] Clubhouse, launched about a year ago, failed to pass Chinese censorship but has striven to become the social media standard dedicated to audio service.

Ex. 이번 방문은 현장 사례를 확인하고 기업의 목소리를 듣기 위해 마련되었다.

먼저, 두 번역기의 결과를 비교해 보겠습니다.

파파고: This visit was designed to check on-site cases and hear the voices of companies.

구글 번역: This visit was designed to check on-site cases and hear the
voices of companies.

파파고와 구글 번역의 결과가 제시되었지만 비단 번역기만의 문제는 아닙
니다. 사람도 마찬가지입니다. 이 번역들에서는 무엇이 문제일까요?

1) 번역기에 나온 'check'는 '(숫자 등이) 맞는지 안 맞는지 확인'하는 것입
니다. 하지만 지문의 '확인하다'라는 의미는 '직접 살펴본다'입니다.

2) '현장 사례'는 '그 회사가 운영되고 있는 상황'의 의미입니다.

3) hear the voices는 '환청이 들린다'라는 의미가 될 수 있습니다.

그러니 글자가 아니라 '의미'를 살려야 합니다.

[번역 순서] 이번 방문 / 마련되었다 / 보기 위해 / 현장 사례 / 듣다 / 기업의 의
견을

[번역] This visit was made to take a close look at and listen to the
company.

Ex. 병원 측은 신규 환자들로 인해 병상이 빠르게 사라지면서 주체가 안
되는 지경이라고 전합니다.

[번역 순서] 병원측 / 전한다 / 병원이 / 주체가 안되는 지경 / as 신규 환자들이
/ 빠르게 차지하면서 / 병상을

→ '병원이 주체가 안되는 지경' 의미: 병원 상황이 좋지 않다(are struggling
/ are stretched thin / are in serious condition)

[번역] Hospital officials said that they are in serious condition as hospital
beds are swiftly occupied with patients.

이상과 같은 내용의 강의를 한영 번역 수업에서 하고 있습니다. 여러 번 해도 여러 번 어려워합니다만 같은 유형이 보일 때까지 글자가 아닌 의미의 표현을 찾을 수 있을 때까지 연습 해야 합니다. 그러면 같은 지문이지만 다른 번역이 됩니다. 이런 내용을 2부에서는 문장 구조 중심으로, 3부에서는 표현 중심으로 나누어 살펴보겠습니다.

Section

2

구조편

통번역은 같은 지문을 다루지 않습니다. 늘 새로운 지문을 앞에 둡니다. 그래서 '이제 잘할 때도 됐는데'라는 생각이 들어도 늘 새로운 지문이기 때문에 생소하고 낯섭니다. 해결책은 있습니다. 늘 새로운 지문이지만 그 지문을 처리하는 방식은 늘 '같습니다.' 그 방식을 터득하면 글자가 달라져도 비슷한 유형의 문장 패턴이 눈에 들어오게 됩니다. 그러면 이제 쉬워지는 일만 남았습니다.

멋진 기타리스트를 본다고 좋은 연주자가 되는 것이 아니라 기타 코드를 암기하고 능숙해져야 하는 시간을 이겨 내야 하듯 번역 방법을 배우고 터득하는 시간이 필요합니다. 또한 그런 스킬을 동원해서 지문을 분석하는 시간도 번역에 앞서 우선되어야 합니다. 이 문장에는 어떤 번역 방법이 필요할지 생각해 봐야 합니다. 저도 번역할 지문을 읽는 내내 머릿속에서 '이 지문의 빅 피처는 무엇일까' '뭐가(주어) 뭘(목적어) 한다는 거지(동사)' '이 부분은 군살(중복 어휘 혹은 무의미한 표현)을 빼야겠군' '여기는 뒤집기가 필요해' 같은 생각을 합니다. 그러고도 구조가 잘 보이지 않으면 5W + 1H를 중심으로 지문에 질문을 해 봅니다. 결국 지문 내용과는 상관이 없습니다. 지문 유형과 상관이 있습니다. 새로운 지문이 와도 번역하는 방식은 똑같으니까요.

그런 과정들을 차근차근 소개하겠습니다. 그러면서 여러분도 늘 '다른 지문'이지만 '번역 과정은 같음'을 공유할 수 있기를 소망하겠습니다.

번역 스킬

번역을 하려면 누구나 먼저 지문을 읽습니다. 여기까지는 같습니다만 그 다음에 나만의 방법이 있습니까? 아니면 문장에서 주어는 '은' '는' '이' '가'가 붙은 명사를, 목적어는 '을' '를'이 붙은 명사를 찾습니까?

저는 저만의 번역 스킬을 가지고 있습니다. 그리고 어떤 내용의 지문이든 그 번역 스킬대로 움직입니다. 첫 번째 스킬은 번역으로 시작하는 것이 아니라 한국어 지문 전체를 분석하는 것으로 시작합니다. 한국어 지문을 보면서 번역을 하면 글자를 따라가는 번역을 하기 쉽다는 것을 알기 때문입니다. 지문에서 먼저 토씨를 다 빼고 빅 픽처만 보면서 질문을 던집니다. 아래 지문을 예로 들겠습니다.

Ex. 직원들이 그렇게 많은 지원자가 찾아올지 예상하지 못했다고 말했다.

[빅 픽처] 직원들이 / 말했다 / 예상하지 못했다 / 그렇게 많은 지원자를

[설명] 빅 픽처를 그리는 과정에서 군살이 정리되어 '찾아올지'는 삭제됩니다.

[번역] Employees said that they didn't expect so many applicants.

이 책에서 소개되는 20여 가지 저만의 번역 스킬이 있습니다. 그럼에도, 쉽게 분석이 안 되는 부분이 나오면 항상 **가장 큰 그림**, 즉 **가장 큰 의미**를 문장에서 찾습니다.

그리고 분석한 지문을 가지고 번역을 시작합니다. 그리고 잘 번역이 안 되는 부분이 나오면 일단 가장 정확한 직역을 통해 지문을 끝까지 마칩니다. 어려운 부분에서 에너지를 다 쏟으면 끝까지 가지 못할 수도 있고 그러면 일정을 맞추기가 어렵게 됩니다. 이제는 한국어 지문과는 헤어질 시간입니다. 그 후는 번역만을 보면서 나도 모르게 중복된 단어는 없는지 대명사 처리는 잘 되었는지 한국어 지문 글자 그대로 번역한 것은 없는지 확인합니다.

'투표 조건을 강화하다'라는 문장이 생각납니다. 한국어를 그대로 옮겨 strengthen voting conditions로 번역되어 있었습니다. 하지만 voting conditions는 '투표를 하는 상황'이지 원문의 의미인 '투표 자격'이 아니었습니다. 그래서 restrict voting eligibility로 수정했습니다.

마지막 과정은 제가 한 번역이 아니라 처음부터 영어 지문이었다면 어떻게 쓰였을까 생각해 보는 것입니다. '누구도 부당한 대우를 받아서는 안 된다'라는 한국어 문장을 그대로 번역한 No one should **receive unfair treatment**라는 영어 문장

이 떠오릅니다. 이제는 '부당한 대우를 받다'에 해당되는 '한 개의 동사'를 생각해 봅니다. 그러면 'No one should be **mistreated**로 압축된 번역이 됩니다. 그리고 '보내기'를 누릅니다. 다른 지문이지만 이런 과정은 늘 똑같습니다.

여러분의 번역 스킬은 무엇입니까?

뒤집기

지문에 질문하기

Ex. 오늘은 인공 지능과 미래에 관한 내용을 다루고 있는 베스트셀러 《사피엔스》의 저자이신 이스라엘 히브리 대 유발 하라리 교수를 모셨습니다.

[빅 픽처] 오늘 / 모셨다 / 유발 하라리 교수

나머지 내용은 적절한 위치에 끼워 넣습니다.

[설명] 뒤집기를 활용하여 주어, 동사, 목적어를 찾아봅시다.

주어: 지문에 없는 주어 추가 필요(한국어는 주어 생략이 많습니다)

동사: 모셨다

목적어: 유발 하라리 교수님 / 히브리대 / 이스라엘 / 저자 / 베스트셀러 / 사피엔스 / 인공 지능과 미래에 관한 / 내용을 다루고 있는(군살)

[번역] Today, **we** have professor Yuval Harari at Hebrew University, Israel, the author of the best seller "Sapience" about Artificial Intelligence and the future.

Ex. 트럭이 고속 도로 위에서 전복하자 지나가는 또 다른 차량의 운전자가 내려 전복된 트럭운전자를 구조하려 했는데 이 과정에서 뒤따라오던 테슬라 차량이 이들을 들이받은 사고가 있었다.

[빈 필처] 한 운전자 / 구조 / 트럭 운전자 / 테슬라 차량 / 들이받다 / 이 두 운전자를

- 한국어 지문이 간단하지 않고 여러 정보가 많이 들어 있는 경우는 무조건 **뒤집기**입니다.

[번역 순서] (When) 한 운전자 / 내리다 / 구조하기 위해 / 트럭 운전자를 / 그의 트럭이 전복된 / 고속 도로 위에서 / 테슬라 차량 / 들이받았다 / 두 운전자를

[번역] When a driver exited his car to rescue a trucker whose truck was overturned on a freeway, a Tesla struck them behind.

다른 지문 같은 방식 빈칸 채우기

새로운 지문이지만 그 지문을 번역하는 방식은 늘 같습니다. 위에서 학습한 지문과 내용은 다르지만 유사한 구조로 번역되는 지문을 제시합니다. 빈칸을 채워 보세요.

Q1 보건복지부 소관 사회 복지 시설 중 대체 인력 지원을 위한 예산에서 제외한 시설과 그 이유는 다음과 같다.

A1 The following are _____ and _____ excluded from the budget to support alternative workers among social and welfare facilities under the umbrella of the Ministry of Health and Welfare.

The following is 단수 / The following are 복수 / ~is or are as follows:

Ex. The following is a summary of events.
[번역] 다음은 간략한 행사 소개입니다.

Ex. The following are examples of excellent translation.
[번역] 다음은 잘된 여러 번역 사례입니다.

Ex. The schedule is as follows: 9 am at the museum.
[번역] 일정은 다음과 같습니다. 오전 9시에 박물관에서 행사가 있습니다.

Q2 대통령이 중요 제재 조치를 해제하는 행정 명령에 서명했다.

A2 The president _____ the executive order lifting important sanctions.

'중요(important)' 어디까지 가능할까?

무역의 공정성 문제는 참여자 간 이득의 배분을 결정하는 문제라는 점에서 그 **중요성**이 있다.
The issue of fair trade **is critical to** sharing gains among stakeholders.

여러분의 통찰력과 의견 제시가 **중요하다.**
Your insight and input **are instrumental.**

백신의 단점보다 장점이 **더 중요하다.**
The advantage of vaccine **outweigh**s its disadvantage.

건강이 **가장 중요하다.**
Health is **everything.**

중요한 점은 우리가 하려고 의사가 있는가 이다.
The main point is whether we are willing to do it.

최후의 5분이 **중요하다.**
The last five minutes **determines** the issue.

마무리가 **중요하다.**
All is well that ends well.

그것은 **중요한 의제**로 되어 있다.
This issue is **high on the agenda.**

Q3 규제 제도가 미비하다는 우려가 커지고 있음에도 가상 통화 거래 규모는 급팽창하고 있다.

A3 The scale of trade in virtual currencies is exponentially expanding but concerns over insufficient regulations on them are _____.

Q4 정부는 한식의 세계화와 관련해 민간기업이 적극적으로 참여할 수 있도록 법률 및 제도적 자원을 제공해야 한다.

A4 The government should provide legal and institutional support to _____ private companies to engage in globalizing Hansik.

설명

Q1 보건 복지부 소관 사회 복지 시설 중 대체 인력 지원을 위한 예산에서 제외한 시설과 그 이유는 다음과 같다.

번역 순서 다음은 / 이다 / 시설과 이유 / 제외된 / 예산에서 / 위한 / 지원 / 대체 인력 / 중 / 사회 복지 시설 / 소관 / 복지부

답 **facilities and reasons**

단수일까 복수일까?

학생이 cooperation between a developed country and a developing country is critical이라고 번역을 했습니다. 왜 그렇게 했냐고 물었더니 한국어 텍스트에 '선진국과 개도국'이 단수여서라고 했습니다.

그런 예는 많습니다. '많은 행사'는 우리말을 기준으로 생각하면 many event이지만 번역은 'many events'가 되어야 합니다.

'대학에 부전공과 복수 전공을 만들겠다'를 The university will offer a minor and a double major로 번역하기도 합니다. 전공 부전공이 한 개씩만 있지는 않겠죠.

이런 현상은 우리말의 특징 때문입니다. two apples를 '사과 두 개들'이 아닌 '사과 두 개'로 하기 때문에 한국어는 복수를 잘 쓰지 않습니다.

개도**국**과 선진**국**: developing and develop**ed countries**
전공과 **이중 전공**을 개설하다: offer **majors** and **double majors**
민간 **기업**: Private **companies**
천연 **자원**: natural **resources** (자원은 여러 종류가 있습니다)
유가: oil **prices** (석유도 여러 종류가 있습니다)
소비자 **물가**: consumer **prices** (여러 가지 가격)

Q2 대통령이 중요 제재 조치를 해제하는 행정 명령에 서명했다.

주어: 대통령 / 동사: 서명했다 / 행정 명령 / 해제하는 / 중요 제재 조치를

답 **signed**

Q 3 규제 제도가 미비하다는 우려가 커지고 있음에도 가상 통화 거래 규모는 급팽창하고 있다.

주어: 거래 규모 of 가상 통화 / 동사: 급팽창하다 / but 우려 over 규제 (군살: 제도) / 미비하다 → 미비한 규제 (뒤집기: 형용사 + 명사)

답 **growing**

> ### 규제가 미비하다 → 미비한 규제
>
> -----
>
> 한국어의 '주어 + 동사' 구조가 영어의 '형용사 + 명사' 구조로 전환되는 번역 기법으로 '뒤집기' 유형에 속합니다.
>
> 의료 체계가 부족하다 → 부족한 의료 체계
> insufficient / underserved medical systems
>
> 관광객이 증가하고 있다 → 증가하는 관광객들
> more tourists
>
> 의료 서비스 접근성을 확대하기 위한 노력이 커지고 있다는 점 → 커지는 노력
> We see further efforts in promoting better access to medical care.
>
> 세계적으로 의료 비용이 증가하고 있다는 점 → 증가하는 의료 비용
> We see rising medical costs worldwide.
>
> 회복이 어려울 것으로 예상됩니다 → 어려운 회복
> Unlikely recovery is expected

Q4 정부는 한식의 세계화와 관련해 민간 기업이 적극적으로 참여할 수 있도록 법률 및 제도적 지원을 제공해야 한다.

주어: the government / 동사: 제공해야 한다 / 목적어: legal and institutional support

- '할 수 있도록(to enable) / 민간 기업(들) / to 참여 / 적극적으로 in 세계화 / 한식을 / ~관련해

답 enable

짝 찾기

Ex. 미국 연방 수사**국**

[번역 순서] 미국 / 연방 / **국** / 수사

[번역] the U.S. Federal Bureau of Investigation

– 한국어와 영어 어순이 다름을 확인할 수 있습니다.

지문에 질문하기

Ex. 익일 배송은 최소 35불 이상 주문해야 한다.

[설명] '최소'의 짝: 35불(×) 주문(○)

[번역] Next-day delivery will require a minimum order of $ 35.

Ex. 정부는 다양한 여성 재취업 지원 시스템을 통해서 여성이 직장을 포기하거나 경력 단절을 겪지 않도록 할 것입니다.

[설명] '다양한'의 짝: 여성(×) 시스템(○)

[번역 순서] 다양한 시스템 / 지원 / 재취업 위한

[번역] The government vows to prevent women from foregoing their work or suffering career interruption through multiple systems to support their reemployment.

한국어 지문에 많이 나오는 '명사 + 통해'를 through 대신 번역하는 방법을 소개합니다

1. ~를 통하여 → through 다음에 나오는 명사와 짝꿍인 동사를 찾아 번역합니다.

Ex. 정부는 다양한 여성 재취업 지원 **시스템을 통해서** 여성이 직장을 포기하거나 경력 단절을 겪지 않도록 할 것입니다.

[번역] The government vows to prevent women from foregoing their work or suffering career interruption by **developing multiple systems** to support their reemployment.

(through systems → system과 같이 쓰는 동사: develop / set up / formulate / make)

Ex. 캠페인을 통해 환경의 중요성을 알리고 있다.
→ '캠페인' 짝꿍 동사: launch / begin a campaign(시작하다)

[번역] We have **launched a campaign** to emphasize the importance of the environment

Ex. 여러 사례를 통해 이런 결론을 내릴 수 있었습니다.
'사례'의 짝꿍 동사: analyze / examine / confirm / report (분석하다/확인하다/보고하다)

[번역] This paper **analyzes** many cases to reach this conclusion.

2. through 다음의 명사를 동사로 번역합니다.

> **Ex.** 시스템 점검을 통해 운영을 효율적으로 하겠습니다.
> 점검(명사) → 점검하다(동사) → 시스템을 점검하다
> [번역] We will **overhaul the system** for its effective operation.
>
> **Ex.** 정부는 **국민의 건강 관리를 통해** 향후 의료 비용을 줄일 것이라고 했다.
> 관리를 통해→ 관리하다 / 국민 건강을
> [번역] The government vow to **manage public health** in a bid to slash future medical costs.

Ex. 세계에서 가장 방대한 영토와 인구를 가진 대륙인 아시아는 국제 평화와 안보를 증진하는 데 있어 특별한 책임을 져야만 합니다.

[설명] '가장 방대한'의 짝: 영토(x) 대륙(○)

[번역] In particular, Asia, the largest continent both in size and population, should shoulder a special responsibility in promoting international peace and security.

Ex. 에너지 안보를 유지하면서도 자연스럽게 신재생으로 넘어가도록 해야 한다.

[설명] '자연스럽게'의 짝: 신재생(x) 넘어가도록(○)

[번역] While we can maintain energy security, we should ensure a smooth transition to renewables.

Ex. 온라인 수업으로 근거리 작업을 과도하게 하다 보면 거리에 따라 눈 속 수정체의 두께가 조절되면서 자동으로 초점을 잡아 주는 능력이 떨어

져 근시 진행도 빨라진다.

[설명] '자동으로'의 짝: 초점을 잡아 주는(×) 능력(○)

[번역] Online classes and other excessive near-sighted work tend to weaken the retina's natural ability to adjust its thickness when distances vary, accelerating nearsightedness.

다른 지문 같은 방식 빈칸 채우기

Q1 정부는 국민 문화 향유 권리를 신장해야 합니다.

A1 The government should improve the public _____ to access culture.

Q2 이 프로그램에 따라 500명 이하 직원을 둔 사업체는 2년동안 최대 10만 달러까지 급여 지원 대출을 받을 수 있게 될 것입니다.

A2 This program enables businesses with less than 500 employees to obtain a maximum _____ of $100,000 to pay salaries for two years.

Q3 고용주들이 겉으로 드러난 것보다 더 많은 후보군 가운데서 인력을 채용하고 있다.

A3 Employers are recruiting from a larger _____ of candidates than is apparent.

Q4 세계 시장의 낮은 진입 장벽은 기회이자 위기입니다.

A4 A low _____ of entry to the global market is an opportunity as well as a challenge.

설명

Q1 정부는 국민 문화 향유 권리를 신장해야 합니다.

[짝 찾기] '국민의' 짝: 문화(×) 권리(○) → 국민 권리 to 향유 / 문화 (뒤집기)

답 **right**

Q2 이 프로그램에 따라 500명 이하 직원을 둔 사업체는 2년동안 최대 10만 달러까지 급여 지원 대출을 받을 수 있게 될 것입니다.

[짝 찾기] '최대'의 짝: 10만 달러(×) 대출(○) → 최대 대출 of 10만 달러 / 지원 / 급여

답 **loan**

Q3 고용주들이 겉으로 드러난 것보다 더 많은 후보군 가운데서 인력을 채용하고 있다.

- '더 많은'의 짝? 후보(×) 군(○) → 더 많은 군 of 후보들

답 **pool**

Q4 세계 시장의 낮은 진입 장벽은 기회이자 위기입니다.

- '낮은'의 짝? 진입(×) 장벽(○) → 낮은 장벽 of 진입 to 세계 시장

답 **barrier**

내가 나를 통번역하면, 나는 만족할까?

통역 수업 시간에 모의로 통역을 진행하는 수업을 합니다. 한 학생이 발표를 하고 다른 학생이 통역을 합니다. 그런 후에 발표자에게 통역에 대한 의견을 묻습니다. 발표자마다 의견이 다릅니다. '같은 표현을 반복해서 통역하는 것이 좋지 않았다' '내용이 누락되었다' '듣기 좋았다' 등 다양한 의견이 나옵니다.

저는 다음과 같은 내용으로 마무리 짓곤 합니다.

첫째, 연사들은 영어 혹은 한국어로 자신의 의사를 표현할 수 없기 때문에 통역사에게 의뢰하지만 그 내용을 이해하는 사람은 많다.

둘째, 그렇기 때문에 자신이 말하고자 하는 내용을 좀더 좋고 다양한 표현으로 통역해 주기를 바랄 것이다.

셋째, 따라서 늘 생각합니다. '내가 나를 통번역하면, 나는 만족할까?'

그래서 더욱 노력하게 됩니다.

03

군살 빼기

Ex. 요구르트는 건강에 좋을까?

[설명] 'Is yogurt good for health?'가 최선일까요? 아닙니다. 이제 시작입니다. good for health의 의미를 생각해 보면, healthy가 최선입니다.

[번역] Is yogurt healthy?

Ex. 대외 개방성을 넓혔다

[설명] external openness이라고 옮긴다면, '개방성'은 외부에 대해 개방하는 것인데 external이 필요할까요?

[번역] greater openness

지문에 질문하기

Ex. 각국의 필요를 충분히 고려한 '맞춤형' 지원이 바로 한국형 개발 모델입니다.

[설명] '충분히 고려한'이 '맞춤형'의 의미이기 때문에 군살입니다.

[번역] The Korean model of development means that its support is tailored to each country's need.

Ex. 박물관은 정상적인 운영 기간에는 어려웠던 예술품 복원 작업을 진행하려고 한다.

[설명] 의미: 박물관이 예술품을 복원할 것이다 / 어려웠던 / 정상적인 운영 동안

[군살] '정상적인 운영 기간'과 '예술품 복원 작업'의 군살: '기간' / '작업'

[번역] The museum will undertake the recovery of artifacts that was impossible in times of normal operation.

두 단어로 표현하기

Q1 재정과 관련된 세부 내용
Q2 동반자적 경제 관계
Q3 인구 조사를 통해 수집된 자료
Q4 고령화 되어가는 사회
Q5 일상에 밀접한 관심사

A1 financial details (재정과 관련된 세부 내용)
A2 an economic partnership (동반자적 경제 관계)
A3 census data (인구 조사를 통해 수집된 자료)
A4 an aging society (고령화 되어가는 사회)
A5 daily topics (일상에 밀접한 관심사)

Ex. 이번 거래의 재정과 관련된 세부 내용은 공개되지 않았다.

[설명] 재정과 관련된 세부 내용은

[번역] Financial details of the deal were not disclosed.

Ex. 해킹 사건으로 인해 이름이나 전화번호, 생일 등 다양한 개인 정보가 유출됩니다.

[설명] 주어: 해킹 사건 / 동사: 유출시키다 / 목적어: 다양한 개인 정보

[번역] Hackings expose individual information such as names, phone numbers and dates of birth.

Ex. 이 가치들은 역내 어려운 문제들을 다루는 데 매우 중요합니다.

[설명] 주어: 이 가치들은 / 동사: 매우 중요하다 / 다루는 데 / 목적어: 어려운 문제들 / 역내

[번역] The values are critical to addressing difficulties in the region.

Ex. 다양한 방식의 온라인 강의 지원이 이루어져야 합니다.

[설명] 주어: 다양한 방식의 온라인 강의 or 주어 추가 / 동사: 지원되어야 한다(지원이 이루어져야 한다)

[번역] Various online lectures should be supported / We should support various online lectures.

Ex. 송도는 우리나라 최초로 스마트 시티가 시작된 곳이다.

[설명] 주어: 송도 / 동사: 시작된 곳이다 / 목적어: 스마트 시티 / '최초의' 짝:

스마트 시티

🔖 Song-do is the first smart city in Korea.

'처음으로 ~했다'의 번역 방법

보통 한국어 그대로 for the first time으로 번역을 하지만 전달하고자 하는 의미는 '한 번 두 번'의 **횟수**가 아니라 '첫 번째 두 번째' **순서**의 의미입니다.
'처음으로'는 '첫 번째' 순서이고 영어는 'the first + 명사'로 번역합니다.

미국이 처음으로 오락용 마리화나를 허용했다.
The U.S. is the first country to legalize recreational cannabis.

캐나다가 두번째로 오락용 마리화나를 허용했다.
Canada is the second country to follow suit.

한국이 최초로 5G 개발에 성공했다.
Korea became the first country to develop 5G technology successfully.

Ex. 지속적인 판매자 대상 교육을 확대 실시해야 한다.

🔖 주어: 지속적인 판매자 대상 교육 / '지속적인'의 짝: 판매자(×) 교육 (○) / 동사: 확대 실시되어야 한다 / 군살: 실시

🔖 Constant training for salespeople should be expanded/We should expand constant training for salespeople.

cf.) training은 직업 교육 / education은 학교 교육

Ex. 본 연구는 중학교 1학년을 대상으로 통계 단원에서 문제 만들기 활동

을 통한 수학 학업 성취도와 학습 태도를 분석하는 데 그 목적이 있다.

[빅픽처] 본 연구 / 분석 / 학업 성취도와 학습 태도 / 중학교 1학년의

[설명] 주어: 본 연구의 목적 / 동사: 분석한다 / 목적어: 학업 성취도 in 수학 / 학습 태도 / 중학교 1학년들의 / 통해 / 활동 / 문제 만들기 / 통계 단원 에서

[번역] The purpose of this research is to analyze the academic achievement in mathematics and learning attitude of the first middle school students through their activities of creating questions included in the chapter on statistics.

'~을(를) 대상으로'를 번역하는 방법

'판매자 대상 교육' '서울 시민을 대상으로' '학생을 대상으로' '리콜 대상으로는' 등 이 있습니다. '대상'하면 가장 먼저 생각나는 단어는 'subject'일 것입니다. 그러나 꼭 그럴 필요는 없습니다. 그보다는 지문에 따른 '의미' 번역이 필요합니다.

Ex. 판매자 **대상** 교육 training **for** salespeople
'서울 시민을 **대상으로**' 등은 주로 설문 조사나 연구를 할 때 씁니다.
그 의미는 '서울 시민**을** 조사했다' 혹은 '청소년**을** 연구했다/분석했다'입니다.
[번역] survey Seoul citizens / analyze or examine youngsters

Ex. 미국 샌디에이고대 연구팀은 평균 52세 여성 10만 명 이상을 **대상으로** 연구 를 진행한 결과 매일 설탕 음료를 마시는 여성은 혈관 질환 위험이 있다는 연구 결과가 나왔다.
[빅픽처] 연구팀 / 연구했다 / 여성 / 발견했다 / 여성 / 위험이 있다
[설명] 주어: 미국 샌디에이고대 연구팀 / 동사: 대상으로 연구를 진행했다(studied) / 목적어: 10만 명 이상의 여성 / 평균 연령 52세

동사: 발견했다 / That 주어: 여성들 / 마시는 / 설탕 음료 / 매일
동사: 있다 / 목적어: 위험 / 일으키다(develop) / 혈관 질환

[번역] A research team from San Diego University in the U.S.A. studied over 100,000 women with an average age of 52 and discovered that women drinking sugary beverages daily have a higher risk of developing cardiovascular diseases.

Ex. 리콜 **대상은** 2020년 모델이다.
[설명] '대상'의 의미: 리콜에 '포함될' 제품
[번역] The recall **includes** the 2020 model year / The 2020 model year will **be recalled**.

Ex. 의료 관광의 부가 가치화를 위해서는 종합적인 관점에서의 정책이 요구된다.

[군살] 종합적인 관점에서의 정책들

[번역] Comprehensive policies are integral to adding value to medical tourism.

Ex. 기후 변화 대응은 선진국뿐 아니라 개도국들도 모두 함께 참여해야만 해결할 과제입니다.

[군살 1] 한국어 지문의 '대응'과 '해결할'은 중복된 표현

[군살 2] '함께'와 '참여해야'도 중복된 표현

[군살 3] '기후 변화 대응'과 '과제'는 같은 의미

[번역 순서] 주어: 선진국과 개도국 / 동사: 해야 한다 / 대응 / 기후 변화

[번역] Developing countries as well as developed countries are critical to combating climate change.

Ex. 추상적 전략 개념을 유형의 전략 개념으로 전환하기도 어렵고 모든 사업 계획이 계획대로 예산에 편성되지도 않는다.

[설명] 무슨 뜻인가요? 쉽게 읽힐 때까지 몇 번이고 읽습니다. 중복 혹은 의미 없는 군살 표현이 많은 경우입니다.

[빅 픽처] 추상적인 전략이 유형으로 전환되기 어렵고 / 사업이 계획대로 예산이 책정되지 않는다

1. 전략 개념(군살)

2. (전환)하기도 어렵고 (예산에 편성)되지도 않는다 → 전략과 예산 편성이 어렵다

3. 사업 **계획**이 **계획**대로 → 중복(의미를 따져 한 곳을 제거) → 사업이 **계획**대로

[번역 순서] 전환 / 추상적 전략 / into 실제 전략 + 예산이 편성되다 / 모든 사업 / 계획대로 / 동사: 어렵다

[번역] Turning an intangible into a tangible wartime strategy and budgeting all projects as planned are highly improbable.

Ex. 기업은 신기술 개발에 더욱 매진해 제4차 산업 혁명이 꽃피울 수 있는 여건을 마련해야 한다.

[설명] 주어: 기업(복수) / 동사: 매진해야 한다 / 목적어: 개발 / 신기술 / 왜: 제4차 산업 혁명이 꽃 피울 수 있도록 있는 여건을 마련하기 위해

[번역] Companies should be active in developing new technology to make the 4th Industrial Revolution flourish.

---

should를 대신하는 표현

'중요한'이라는 의미를 가진 형용사들, crucial / critical / essential / necessary / significant / vital로 반복되는 should를 대신할 수 있습니다.

Ex. 시간을 준수해야 한다.
[번역 1] Time is essential.
[번역 2] Time is an essence.
cf.) 시간은 금이다: Every second counts.

Ex. 대화와 포용에 바탕을 둔 협력 사업들을 적극적으로 추진할 필요가 있다.
[번역] Dialogue and inclusion-based cooperative projects **should be actively pursued → are critical**.

Ex. 이번 벌금의 규모는 금융 당국이 내린 벌금으로는 유례없이 큰 금액이다.

[설명] 주어: 이번 벌금은 / 내린 / by 금융 당국 / 동사: 유례없이 큰 벌금 (군살)

[번역] This fine imposed by financial authorities is unprecedentedly heavy.

Ex. 무역의 공정성 문제는 국가간 이득 배분을 결정하는 문제라는 점에서 그 중요성이 있다.

[설명] 주어: 무역의 공정성 문제 / 동사: 중요하다 - 결정하는 / 목적어: 이

득 배분(문제라는 점에서) / 국가간

[번역 순서] 공정 무역 / 중요하다 / 결정하는 / 이득 배분 / 국가간

[번역] Fair trade is instrumental in determining the distribution of gains among countries.

'determine(결정하다)' 어디까지 가능할까?

어제의 우리가 오늘을 **바꾸었듯**이, 오늘의 우리가 어떻게 하느냐에 따라 내일을 **바꿀 수** 있습니다.

As what we did yesterday **determine**s today, what we do today can **determine** tomorrow.

안전한 개학이 가능한 지를 **판단하기** 위해서는 현 시점으로부터 최소 2~3주의 시간이 필요하다는 의견을 제시하였다.

To **determine** the date of safe school opening, a minimum of two to three weeks will be required from now on.

매년 꽃의 개화가 **달라지는** 요인 중 하나가 바로 인간의 활동으로 인한 기후변화라고 합니다.

One of the reasons **determin**ing the timing of flowering is induced by human-made climate change.

이 지역 유권자들이 대선의 승패를 **가를** 것이다.

Voters in this area will **determine** the presidential election.

사건의 원인을 **조사하기** 위해 위원회가 설립되었다.

A committee was set up to **determine** the cause of the accident.

코로나19 충격의 지속 기간에 따라 경제 사회 구조의 변화와 함께 국제 질서에도 상당한 변화를 **초래**할 것으로 전망됩니다.

The duration of the pandemic crisis will **determine** the full scope of shifts in the economic and social structure as well as the international order.

Ex. 연구원들은 환경에 도움이 되는 방향으로 에너지를 제공할 방법을 찾기 위해 노력하고 있습니다.

[빅 픽처] 연구원들 / 노력하고 있다 / 에너지

[번역 순서] 연구원들 / 노력 / 찾다 / 방법을 / 제공할 / 에너지 / 어떤 에너지? / 환경에 도움이 되는 방향으로 에너지

[번역] Researchers are seeking ways to provide eco-friendly energy.

'seek(찾다)' 어디까지 가능할까?

그는 의견을 **묻는** 전화에 응답하지 않고 있다.
He has not returned calls **seeking** comment.

미 정부가 IT대기업들에게 결제 시스템 정부 제출을 **요구하고 있다.**
The U.S government is **seeking** data on payment systems from big tech companies.

정부는 대책을 **마련 중**이다.
The government is **seeking** to take measures.

기후 변화에 따라 물을 **확보하기** 위한 국가간, 지역간 경쟁이 치열해질 전망입니다.
Climate change will intensify competition between countries and regions to **seek** water.

정부가 동남아 지역을 중심으로 서로 격리 조치를 하지 않는 트래블 버블을 **추진**

하고 있다.

The government is **seek**ing to adopt travel bubbles in countries, particularly in Northeast areas.

언론에서는 seek 대신 eye라는 동사도 많이 씁니다.

Ex. The government is eyeing to adopt travel bubbles in countries.

언론이 쓰는 언어는 시선을 끌어야 하기 때문에 눈에 보이는 표현을 많이 씁니다만 연설문 등 격식성 있는 지문에는 사용하지 않습니다.

기업들이 새로운 규제에서 벗어날 궁리를 **하고 있다.**
Businesses are **seeking** loopholes from new regulations.

에어비앤비는 회사 자선 조직을 통해 난민 펀드 모금을 진행 중이며 주택 소유주들의 동참을 **호소하고 있습니다.**
Airbnb has raised funds for the displaced through its philanthropic unit, **seeking** assistance from hosts who rent property.

《월스트리트저널》은 많은 기업들이 메타버스와 관련된 사업에서 거대한 수익을 **엿보고 있다**고 전했다.
The WSJ reported that many companies are **seeking** to make massive profits in the metaverse industry.

해커들이 세계 각국 기업들을 표적으로 범행을 일삼아 여러 기업들이 대비책을 **강구하고 있다.**
As hackers target global companies to victimize them, many companies have been **seeking** countermeasures.

백신 거부론자들 사이에서는 종교적 사유로 인한 면제에 대한 관심이 **높아지고 있습니다.**
Vaccine objectors are **seeking** religious exemptions to the vaccine.

Ex. 중국 정부는 IT 산업에는 사전 규제보다 경쟁 환경을 먼저 조성하고 문제가 발생하면 규제를 만드는 정책을 펴고 있다.

빅픽처 중국 정부 / 조성한다 / 경쟁 환경 / 먼저

번역 순서 정부 / 먼저 조성하다 / 경쟁 환경 for IT 산업 / before 만들다 / 규제 / 관한 (뒤집기) 문제들 / 발생하는

번역 The Chinese government is first creating a competitive environment for the information technology industry before making regulations on issues that arise later.

'competitively(경쟁적으로)' 어디까지 가능할까?

최근 글로벌 기업들이 **앞다퉈** 가상 세계를 뜻하는 메타버스 분야에 뛰어들고 있다.
Recently, global companies have **competitively** engaged in the metaverse, a virtual reality.

그는 승부욕이 **강하다.**
He plays very **competitively.**

그가 최근 경기 성적이 **좋**지 못하다.
Recently, he has not **played competitively.**

그들의 상품은 **가격 경쟁력**이 없다.
Their products **are** not **priced competitively.**

Ex. 아동 도서관은 보건복지부 지침에 시설 운영과 관련된 내용이 명시되지 않아 예산에서 제외하였다.

[빅 픽처] 아동 도서관 / 제외 / 예산 / why

[설명] 주어: 아동 도서관(들) / 동사: 제외되었다 / 예산에서 / 왜: (아동 도서관들 → their) 시설 운영(군살: ~과 관련된 내용) / 동사 – 명시되지 않았다 / 보건복지부 지침에

[번역 1] Children's libraries are excluded from the budget because their operations are not specified in the guidelines provided by the Ministry of Health and Welfare.

[번역 2] Children's libraries are excluded from the budget because the MHW's guidelines do not stipulate their operations.

다른 지문 같은 방식 빈칸 채우기

Q1 이태원은 서울 관광 책자에 묘사된 모습과 딴판이었다.

A1 Itaewon was different from the _____ in Seoul tourism books.

Q2 양국은 동반자적 경제 관계를 공고히 하기로 했습니다.

A2 Both countries agreed to forge a(n) _____ _____.

Q3 미국과 중국이 온실가스 배출과 관련하여 양국의 새로운 감축 공약을 발표했습니다.

A3 The U.S. and China announced their new reduction pledges _____ greenhouse gas emission.

Q4 당국이 휴교령을 내리고 식당의 영업제한 조치를 내리는 등 셧다운에 들어갔다.

A4 Authorities _____ school closures and business shutdowns such as restricting restaurants among others.

Q5 어린이집의 경우에는 보건복지부 예산으로 입양수수료만 지원하고 있어 예산에서 제외되었다.

A5 Childcare centers _____ _____ adoption fees from the ministry.

설명

Q1 이태원은 서울 관광 책자에 묘사된 모습과 딴판이었다

답 description

Q2 양국은 동반자적 경제 관계를 공고히 하기로 했습니다.

[설명] 중복되는 표현을 제거하고 뒤집기 → 경제 동반자

답 economic partnership

Q3 미국과 중국이 온실가스 배출과 관련하여 새로운 감축 공약을 발표했습니다.

[설명] 군살 표현을 제거하고 뒤집기

주어: 미국과 중국 / 동사: 발표하다 / 감축 공약 / on 온실 가스 배출

답 on

밝혔다 = announce일까?

미 정부는 러시아가 미 연방 정부에 해킹을 시도했다고 **밝혔습니다.**
The U.S. government **blamed** Russia for committing cyber hackings against
U.S. federal agencies.

러시아는 미국의 이런 조치는 보복으로 이어질 것이라고 **밝혔습니다.**
Russia **warned** that the U.S move would trigger retaliatory moves.

중국의 질병관리 본부장은 중국산 코로나19백신효과가 높지 않다고 **밝혔습니다.**
The director of Chinese Center for Disease Control **admitted** that the
country's coronavirus vaccines are not highly effective.

중국 정부는 미국이 가짜 '하나의 중국' 정책이 아닌, 진짜 하나의 중국정책을 시
행해야 한다고 **밝혔습니다.**
The Chinese government **emphasized** that the U.S. should adopt a genuine
one-China policy instead of a nominal one.

Q4 당국이 휴교령을 내리고 식당의 영업제한 조치(군살)를 내리는 등 셧
다운에 들어갔다.

- 휴교령을 **내리다** / 영업 제한을 **내리다**

→ (공통으로 쓸 수 있는) 동사 찾기 → mandate / enforce / implement /
push for

답 mandate

Q5 어린이집의 경우에는 보건복지부 예산으로 입양 수수료만 지원하고
있어 예산에서 제외되었다.

- 예산으로 (입양 수수료만 지원하고 있어) '예산에서 ~~제외된다~~'

- 결국 받는 것은 입양 수수료만 from 보건복지부

탑 receive only

빈칸을 채워 보세요

Q6 일상에 밀접한 관심사들을 주제로 구독자들에게 친숙하게 다가가며 마케팅 효과를 끌어올린다.

A6 With daily _____, they appeal to subscribers to enhance their marketing impact.

Q7 처음 시행한 계절 관리제를 통해 전국적인 대기 질 개선 효과를 확인할 수 있었습니다.

A7 The seasonal management system that has been conducted for the first time is contributing to _____ nationwide air quality.

Q8 수도권을 중심으로 한 지역 감염에 대한 전국적 확산 우려로 정부는 지난 8월 22일 전국 사회적 거리 두기 단계를 2단계로 격상하였습니다.

A8 Amid concerns over _____ local infections, particularly metropolitan areas, the government raised social distancing nationwide to level two on August 22.

'~을 중심으로'의 번역

'신입생을 중심으로' '소프트웨어 사업을 중심으로' '의학의 중심이' 등의 '중심'이라는 단어를 보면 가장 먼저 생각나는 단어가 center입니다. 하지만 우리말은 다 '중심'이라고 해도 영어로 center를 쓸 수 있는 경우가 있고 그렇지 않은 경우가 있습니다.

1. '신입생을 **중심으로** 이 규칙이 적용될 것이다'에서 'center'를 쓸 수 없습니다. '중심으로' 의미가 '신입생을 중점적으로'이기 때문입니다. 이럴 때는 **'with a focus on'** 혹은 **'particularly'**를 씁니다.
The regulation will be applied **particularly** for new students.

2. '소프트웨어 사업을 **중심으로**'에서는 center를 쓸 수도 있고 다른 단어로 대체할 수 있습니다.
with the software industry **at its center** or **with** a **software industry-based framework**.

3. '의학의 중심이'는 center를 쓸 수 있을 것 같습니다만 'the center of medical science'라고 하면 '의학 센터'가 될 수 있습니다.

코로나 델타 변이 연구가 **의학의 중심**이 되고 있다.
Research on Corona Delta variants is moving into **the medical mainstream.**

케이 팝은 한류를 대표하는 **중심이 되고 있다.**
K-Pop **officially** represents the Korean wave.

Q9 최근 보건복지부 조사에 따르면 한국 남성의 비만율이 크게 증가한 것으로 나타났다. 증가하는 비만율은 한국 남성의 건강하지 못한 생활방식에 크게 기인하다. 한국 남성은 술을 지나치게 많이 마시는 것으로

드러났다.

A 9 A survey conducted by the Ministry of Health and Welfare said that the obesity rate of male Korean adults has risen significantly _____ ____ their unhealthy lifestyle _____ ____ excessive alcoholic consumption.

Q 10 상담소 경우에는 서비스의 내용이 교육중심으로 이루어져서 예산에서 제외되었다.

A 10 Counselling centers are not funded as they offer _____ service.

설명

Q 6 일상에 밀접한 관심사들을 주제로 구독자들에게 친숙하게 다가가며 마케팅 효과를 끌어올린다.

- 일상 = 밀접한/관심사 = 주제 (중복된 어휘 제거)

[번역 순서] 일상(밀접한 ~~관심사들을~~) 주제로 / 사람들(주어 추가) / 다가간다 / 친숙하게 / 끌어올리기 위해 / 마케팅 효과

답 topics

Q 7 처음 시행한 계절 관리제를 통해 전국적인 대기 질 개선 효과를 확인할 수 있었습니다.

- 처음 시행한 계절 관리제 (군살 동사 제거)
- 대기 질 개선 효과를 확인 → 의미: 대기 질이 개선되었다

답 improving

Q 8 수도권을 중심으로 한 지역 감염에 대한 전국적 확산 우려로 정부는 지난 8월 22일 전국 사회적 거리 두기 단계를 2단계로 격상하였습니다.

- 군살 제거 후 뒤집기 → 지역 감역에 대한 전국적 확산 우려 → 우려 / 관한 / 전국적 지역 감역

답 nationwide

Q 9 ① 최근 보건복지부 조사에 따르면 한국 남성의 **비만율이 크게 증가**한 것으로 나타났다. ② **증가하는 비만율**은 한국 남성의 **건강하지 못한 생활 방식**에 기인한다. ③ 한국 남성은 **술을 지나치게 많이 마시는 것**으로 드러났다.

[빅 픽처] 한국 남성의 비만율이 크게 증가하고 이는 건강하지 못한 생활방식 때문이며 과음이 이유이다

[번역 순서 1] 보건복지부 조사 / 밝혔다 that 비만율 of 한국 성인 남성들 / 크게 증가

[번역 순서 2] 이유는 '건강하지 못한 생활 방식'

[번역 순서 3] 건강하지 못한 생활방식의 예는? 지나친 음주

답 due to / such as

Q 10 상담소 경우에는 서비스의 내용이 교육 중심으로 이루어져서 예산에서 제외되었다.

- 군살 제거 후 뒤집기: 교육 중심 서비스

답 **education-based**

한 방 형용사 1

명사 + 과거분사 형용사

• 명사 + based
대구가 연고지인 야구단
a Daegu-based baseball team

• 명사 + backed/sponsored
정부 후원 사업
a government-backed/sponsored project

• 명사 + compromised
a security-compromised system
보안 취약 시스템
An immunity-compromised state
면역력이 약한 상태

• 명사 + educated
Harvard-educated
하버드 대학을 졸업한

• 명사 + centered
학생 중심 수업
student-centered class
소비자 중심 가전 제품
consumer-centered home electronic appliances

• 명사 + oriented

정부 주도 사업
a government-oriented(driven) project.

제조 사업이 주가 되는 한국
manufacturing industry-oriented Korea

• 명사 + induced
기후 변화로 인한 재해
climate change-induced damages

• 명사 + stricken / stressed
물부족 지역
water-stricken / stressed areas

한 방 형용사 2

형용사 한 단어를 사용해서 많은 내용을 압축합니다.
Keep sentences short and sweet.

꼭 이뤄야 할 목표
goals that I have to achieve → **uncompromising** goals

지금까지 변치 않은 회사 운영 철학
the **guiding** principle in running a company

테슬라 자동차의 자율주행 기능에 **관한 지적이 일고 있다.**
Tesla's auto-pilot feature is **questionable / suspicious.**

그 보고서의 타당성에 대한 **의심의 목소리가 제기**되고 있다.
The validity of the report is **questionable.**

결과는 결론을 내기에 **충분**하다.
The result is **conclusive**.

결과는 결론을 내기에 **부족**하다.
The result is **inconclusive**.

이 정책은 **헌법적 권리를 침해하는** 행위이다.
This policy is **unconstitutional**.

백신 물량이 **충분하지** 않다.
Vaccines are **insufficient**.

한국 경제가 **앞으로 나아가야할** 방향을 논의하다.
discuss the **future** direction of the Korean economy.

그 피해는 그들이 **고스란히 받게 되는 것**이다.
They are **vulnerable** to all the damage.

경연자들은 **까다로운 절차를 거쳐 결정된(엄선된)** 사람들이다
They are **select** contestants.

그 사건으로 그는 사임을 **할 수밖에 없게** 되었다
The scandal made his resignation **inevitable**.

이 수치는 **통계적으로 살펴본** 정보이다.
This figure is **statistical** information.

기후 변화는 **아주 다루기 힘든 문제**다.
Climate change is **intractable**.

이 치료의 결과는 **아무도 알 수 없다.**
The outcome of this treatment is **unpredictable**.

책의 결말은 **안 봐도 비디오**다.

The ending of the book is entirely **predictable**.

이 안내서가 **이해가 되지 않으면** 담당자에게 문의 하시오.

If this guidance is **unclear**, contact the staff.

있을 수 없는 일이 일어났다.

Something **unusual** happened.

그의 행동을 **이해할 수 없다**.

His behavior is **unjustifiable**.

그의 행동은 **법에 어긋난다**.

His behavior is **unlawful**.

이산가족 상봉이 **이루어질 것 같다**.

The reunion of the separate families is **likely**.

그 사업이 **승산이 있어** 보인다.

The project is looking **promising**.

교육을 받을 권리는 **누구나** 있다.

The right to education is **universal**.

확실한 해결책이 요구된다.

Effective resolutions are critical.

한 국회의원이 트위터에 영상을 게시해 **논란이 되고** 있습니다.

A member of the National Assembly posted **controversial** video on Tweeter.

04

5W + 1H

이 번역 방법은 5W(who, what, where, when, why) + 1H(how)를 지문에 질문하면서 빅 픽처(가장 중요한 의미 찾기) 보기로 구조를 정하는 것입니다. 그동안 한영 번역을 하면서 가장 먼저 또 가장 많이 한 것이 '지문에 질문하기'입니다. 난이도가 높아질수록 구조가 잘 보이지 않기 때문입니다. 그럴 경우 지문에게 5W + 1H를 토대로 질문을 해 보면 구조가 서서히 보입니다.

그 질문은 간략하면 '뭐가 뭘 했지?'입니다. 즉, 지문에 '주어와 목적어'를 물어보는 것입니다. 그러면 복잡해 보이는 지문도 주어와 목적어가 손을 듭니다.

그 후 주어와 목적어를 관계를 생각하며 필요한 의미 동사(한국어 지문의 글자가 아닌)를 찾습니다.

Ex. 대북 투자 감소로 북한 경제가 어려움을 겪을 것으로 예상된다.

[빅 픽처] 뭐가 뭘: 대북 투자 감소가 북한 경제를 어렵게 할 것이다

[번역 순서] 투자 감소 / 대북 / 예상된다 / 어렵게 할 것으로 / 북한 경제를

- 다음 의미의 영어 동사를 찾아봅시다. 투자 감소가 북한 경제에 어려움을 가져올 것 / 퇴보시킬 것 / 불황에 빠지게 할 것

[번역 1] Declining investments in the North is likely to **bring difficulties to** the North Korean economy.

[번역 2] Declining investments in the North is likely to **undermine** the North Korean economy.

Ex. 한국에게 있어 중동은 경제 발전에 필수적인 에너지를 수입할 수 있는 파트너이다.

- 주어를 '중동'으로 하면 동사 부분인 '수입하다'와 맞지 않습니다. 동사를 '수입하다(x)' '수출하다/공급하다(○)'로 해야 합니다.

[번역] The Middle East supplies oil critical to Korea's economic development to Korea.

cf.) '한국'을 주어로 하면 동사는 '수입하다'가 됩니다.

[번역] Korea imports oil critical to its economic development from the Middle East.

저는 수업 시간에 주어진 지문에 대해 학생들이 머뭇거리면 일단 문장의 주어, 동사, 목적어가 무엇인지를 먼저 함께 찾아 봅니다. 제가 해 왔던 방식대로 지문에 질문하고 답해 보겠습니다.

지문에 질문하기

Q1 미국 정보 기술 공룡들이 운영의 정상화를 꾀하고 있다.

[빅픽처] 미국 정보 기술 공룡들 / 운영의 정상화를 하려고 한다 or 운영을 정상화하려고 한다

동사: 꾀하고 있다 → 하려고 한다 - are seeking / pursuing / pushing for / pushing ahead with / 목적어: 운영의 정상화

A1 American IT giants are seeking the normalization of their operation.

A2 American IT giants are seeking to normalize their operation.

'화'는 명사?

가장 처음으로 생각나는 단어는 '정보화'로 'informatization'이겠지만 그런 영단어는 없습니다. 한국어가 명사형이라 영어도 명사형을 생각하기 쉽습니다만 영어는 동사로 주로 표현됩니다.

정보화하다
access/educate information technology

출마를 공식화하다
announce one's running for

선거 운동이 본격화되다
accelerate the election campaign

산업을 융복합화하다
Industries **converge**.

북한을 **비핵화하다**
denuclearize the North

자원을 **다양화/다각화하다**
diversify resources

서적을 **디지털화하다**
digitize books

한식을 **세계화하다**
globalize Korean food

폭력을 **미화하다**
glorify violence

지하 경제를 **양성화하다**
legalize the underground economy

오락용 마리화나를 **합법화하다**
legalize recreational marijuana

마스크 착용을 **의무화하다**
mandate masks

효율을 **최대화하다**
maximize efficiency

절차를 **최소화하다**
minimize procedures

주택 시장을 **정상화하다**
normalize the housing market

제품을 **상품화하다**
commercialize products

대통령의 침묵을 **정치 쟁점화하다**
politicize presidential silence

경기 침체가 **장기화되다**
prolong the economy recession

학교를 **서열화하다**
rank schools

주제를 **세분화하다**
subdivide topics

고등교육을 **보편화하다**
universalize higher education

앞으로의 교류와 협력이 **활성화되다**
vitalize future exchange and cooperation

생산 라인을 **효율화시키다**
streamline/expedite a process of production

예외 1) 해당되는 동사가 없는 경우 **부사로 표현**
내수 부진의 **만성화**를 빚다
cause **chronically** weak domestic demand

예외 2) 해당되는 동사가 없는 경우 **'develop' 등 적절한 동사 추가**
물을 **자원화**하다
develop water resources

Ex. 장애인 고용(The Access to Work) 보조금은 고용주들이 장애로 인해 발생하는 비용을 충당할 수 있도록 돕는 자금이다.

[빅 픽처] 보조금은 고용주들이 비용을 충당하게 **돕는다**(help 동사가 정해지면 나머지 문장 구조가 결정됨: help 사람 (to)부정사)

[번역 순서] 주어: 장애인 고용 보조금 / 돕는다 / who: 고용주들을 / what: 충당하도록 / 비용 / 발생 / 장애로 인해

[번역] The Access to Work fund helps employers cover costs incurred by disabilities.

Ex. 아시아 신흥국가들은 선진국에 비해 의료진이나 의료 체계가 부족하다는 문제가 있습니다.

[빅 픽처] 아시아 신흥국가들이 선진국에 비해 부족하다

[번역 순서] 주어: 아시아 신흥국가들 / 동사: 부족하다 (문제가 있습니다) / 의료진과 의료 체계 / 선진국에 비해

[번역] Emerging Asian countries are lacking in medical staff and medical systems compared to advanced countries.

다른 지문 같은 번역 빈칸 채우기

Q1 일조량이나 풍속 면에서 일관성이 떨어지므로 아직 연구가 더 필요합니다.

A1 More research is critical due to _____ sunlight and wind speed.

Q2 이런 법안들이 일찍 통과되도록 협조 바랍니다.

A2 I hope that you will work together to _____ the bills quickly.

---

will을 대신할 수 있는 표현은?

vow / plan / pledge / promise / seek

정부는 환경 문제 해결에 대한 지원할 것이다.
The government vows to give support for tackling environmental issues.

Q3 자료가 있어야 우리 식물로 제품을 만든 외국 기업과의 특허 싸움에서 이길 수 있다.

A3 _____ enable _____ to win patent lawsuits against foreign companies that commercialize Korean plants.

설명

Q1 일조량이나 풍속 면에서 일관성이 떨어지므로 아직 연구가 더 필요합니다.

→ 일조량이나 풍속 면에서 일관성이 떨어지므로 → 뒤집기: 일관성이 떨어지는 일조량과 풍속

[번역 순서] 연구가 더 / 필요하다 / 일관성 없는 일조량과 풍속 때문에

답 inconsistent

Q2 이런 법안들이 좀 더 일찍 통과되도록 협조 바랍니다.

[설명] 5W + 1H로 질문하기

– 주어(나는) 바란다 that 주어(여러분) / 협조 / 통과되도록 / what: 이런 법안들이 / 일찍

[답] pass

Q3 자료가 있어야 우리 식물로 제품을 만든 외국 기업과의 특허 싸움에서 이길 수 있다.

[빅 픽처] 자료가 있어야 이길수 있다

주어: 누가 / 목적어: 무엇을

[번역 순서] 자료가 있어야 / who: 우리가 / 이길수 있다 / 특허 싸움 (누구와) / 외국 기업과 (어떤 외국 기업) / 제품을 만든 / 우리 식물로

[답] Records / us

통번역, 만드는 즐거움

훌륭한 쉐프도 많지만 우리는 새로운 요리를 보게 되면 따라서 만들고 싶은 욕구가 있습니다. 그리고 내가 한 것을 사진도 찍어 올리고 간직하고 싶은 욕구가 있습니다. 유발 하라리 교수가 일갈한 대로 인간의 creativity와 insight의 욕구는 영원할 것입니다. 이런 욕구는 세상이 아무리 발전하고 바뀐다 해도 영원할 것이라고 생각합니다. 인간 본성의 일부이니까요.

그렇듯 통번역도 만들고 싶은 욕구를 충족하는 즐거움이 있습니다. 서로 상반되는 언어의 '의미'를 생각하면서 잘 연결되는 표현과 구조를 만드는 즐거움이 있습니다. 좋은 표현을 많이 암기해서 좋은 구조로 많이 전환해 보는 연습을 하면 어느덧 '전환'하는 과정의 달인이 될 수 있습니다.

05

유형별 번역

1. ~하기를 바란다

지문에 질문하기

Ex. 이번 회의가 지속 가능한 발전을 위한 국제 협력에 새로운 이정표를 제시하는 중요한 계기가 되기를 기대합니다.

설명 나는 기대한다 that

번역 순서 이번 회의 / 되다 / 중요한 계기 / 제시하는 / 새로운 이정표 / 국제 협력에 / 지속 가능한 발전을 위한

번역 I hope this conference will be a significant opportunity/venue/platform to mark a new milestone in promoting collective/concerted efforts to ensure sustainable development.

Ex. 이번 행사를 통해 국민들이 환경 보호에 좀더 관심을 기울여 주시기

를 바랍니다.

번역 순서 (I 추가) hope that 이번 행사 / 주시길(encourage 목적어 to 부정사) / 기울이게 되다 / 관심을 / 환경 보호

번역 I hope that this event will encourage people to have a keen interest in the environment.

'encourage(격려하다)' 어디까지 가능할까?

코로나 백신에 대한 허위 정보가 퍼지고 있으며, 이는 백신 접종을 회피하는 **원인을 제공하고 있다.**
Fake information about COVID-19 vaccine **encourages** the unvaccinated to avoid vaccination.

아세안 국가의 콘텐츠 시장은 매년 8% 이상 성장하며 미래세대의 **꿈을 담아내고 있습니다.**
ASEAN member states have experienced content market growth of more than 8% annually, **encouraging** future generations.

노동 수요가 공급을 앞서면서 자발적 퇴사를 **부추기고 있다.**
Demand for labor exceeding supply has **encourage**d workers to leave their job.

ESG 경영에 속도를 내는 우리 기업들을 **응원합니다.**
I **encourage** Korean companies that are accelerating ESG management.

관계자는 국민들이 의료진으로부터 의료 서비스를 받으면서 백신 접종에 관한 의료진들의 의견을 **더** 귀담아 듣게 **될 것**이라는 기대를 전했다.
Officials hope that people are encouraged to listen to the necessity of

vaccination by medical staff during their treatment.

백신 증명서 제출 의무화로 백신을 맞는 사람들이 늘어**날 것으로** 예상된다.
A mandate for a proof of vaccination is expected to **encourage** people to get vaccinated.

이번 일로 한국인들의 매너가 개선 **될 것**을 바란다.
I hope that this incident will **encourage** Koreans to practice better etiquette.

다른 지문 같은 방식 빈칸 채우기

Q1 이 책에 실려 있는 내용을 통해서 국민들의 가슴에 우리 바다에 대한 한층 더 깊은 관심이 싹트길 바랍니다.

A1 I hope that _____ _____ will encourage _____ to _____ ___ _____ _____ in Korea seas.

Q2 주체자는 이번 행사를 통해 젊은이 들이 과학과 기술에 더 흥미를 느낄 수 있기를 기대한다고 말했습니다.

A2 The organizers hope that the _____ will ____ the young to develop a keen interest in science and technology.

Q3 이 자리가 개발자 커뮤니티의 발전을 위한 의미 있는 자리가 되기를 바랍니다.

A3 I hope that this event will be a _____ _____ for the developer community.

설명

Q1 이 책에 실려 있는 내용을 통해서 국민들의 가슴에 우리 바다에 대한 한층 더 깊은 관심이 싹트길 바랍니다.

– 나는 바란다 that 이 책 / 하기를(encourage) / 국민들(목적어) + to 부정사 have a keen interest in

답 this book / people / develop a keen interest

Q2 주체자는 이번 행사를 통해 젊은이들이 과학과 기술에 더 흥미를 느낄 수 있기를 기대한다고 말했습니다.

– 주체자는 기대한다 that 이번 행사 / 있기를(encourage) / 젊은이(목적어) / to 부정사 develop a keen interest in

답 event / encourage

Q3 이 자리가 개발자 커뮤니티의 발전을 위한 의미 있는 자리가 되기를 바랍니다.

– (나는) 바란다 that 이 자리(this event) / 되기를 / 의미 있는 자리(a significant opportunity) / 개발자 커뮤니티를 위한

답 significant opportunity

2. '~으로'를 주어로

'~으로'를 주어, '은' '는' '이' '가'가 붙은 명사를 '목적어'로 번역

지문에 질문하기

Ex. 제4차 산업 혁명으로 향후 5년간 일자리가 500만 개 사라질 것이라고 했다.

설명 주어: 제4차 산업 혁명 / 동사: 사라질 것 / 목적어: 500만 개 일자리 향후 5년간

번역 The 4th Industrial Revolution will eliminate five million jobs over next five years.

Ex. 병원을 대상으로 한 랜섬웨어로 개인의 건강 문제가 영향을 받을 수 있다.

설명 주어: 렌섬웨어 / 대상으로 / 병원(들) / 동사: 영향을 줄 수 있다 / 목적어: 개인의 건강 문제

번역 Ransomware hackings targeting hospitals can threaten people's health care.

Ex. 이번 대책으로 노동 시간에 큰 변화가 예고되고 있습니다.

설명 주어: 이번 대책 / 동사: 예고되다 / 목적어: 변화 in 노동 시간에

번역 This new measure signals a great shift in working hours.

Ex. 온라인 추모식이 디지털 기술 발전과 코로나19 방역 조치의 영향으로 새로운 추모 형식으로 자리 잡는 모양새다.

빅 픽처 온라인 추모식이 새로운 형식이 되다

번역 순서 디지털 기술 발전과 코로나19 방역 조치(주어)~~의~~ ~~영향으로~~ / 동사:

자리 잡게 했다 / 온라인 추모식(목적어) as 새로운 (추모) 형식으로

번역 Advances in digital technology and COVID-19 disinfection measures have established online memorial services as a new trend.

다른 지문 같은 방식 빈칸 채우기

Q1 그들의 이야기로 좀더 정신질환에 관심이 기울어지기를 바랍니다.

A1 I hope that _____ _____ will bring greater _____ to mental illness.

'bring(가져오다)' 어디까지 가능할까?

열대성 폭풍의 영향으로 북동부 지역에 기록적인 폭우가 **쏟아졌습니다.**
Tropical storm **brought** extremely heavy rain to the northeast region.

페이스북은 더 안전한 쪽으로 알고리즘을 바꿀 경우 사람들이 사이트 방문 횟수를 줄이고, 광고 클릭률도 **낮아져** 결국 수익이 낮아질 거란 걸 알고 있었어요.
Facebook knew that shifts in its algorithms in a safer direction would **bring** its profits **down**, resulting in fewer visits to its site and clicks for promotional signs.

그러면 이 분쟁 지역에 평화를 **정착**시킬 수 있다고 봅니다.
That, I believe, is going to **bring** peace to this particular conflict.

탄소 중립을 위한 전 세계적인 사회·경제적 대전환은 지금까지 유례가 없었던 새로운 혁신을 **일으키고** 많은 일자리를 만들어 낼 것입니다.
This grand, global socioeconomic transformation toward carbon neutrality

will **bring** unprecedented innovation and create numerous jobs.

이번 회의에 전문가들을 많이 **모셨습니다.**
This conference **bring**s many experts **together.**

우리 회사는 인재를 **영입해**야한다.
Our company should **bring** talented people **in.**

세계화로 공정거래가 **대두되고 있다.**
Globalization **brings** fair trade **to the fore.**

Q2 코로나19를 계기로 전 세계에 비대면 문화가 확산되고 있다.

A2 _____ has made contactless culture a worldwide trend,

Q3 세계 경제 글로벌화의 급속한 진행으로 국가간 무역규모가 증가하면서 무역의 공정성 문제가 크게 대두되고 있다.

A3-1 As the _____ _____ in globalizing the world economy has enhanced trade volume between countries, fair trade has come to the fore.

A3-2 As globalizing the world economy has _____, an increase in trade volume from country to country has brought fair trade to the fore.

Q4 이번 정책으로 미세 먼지의 경감을 가져오는 효과가 확인되었다.

A4 _____ _____ contributed to _____ fine dust.

설명

Q1 그들의 이야기로 좀더 정신 질환에 관심이 기울어지기를 바랍니다.

번역 순서 그들의 이야기 / will bring / 관심 / 정신 질환

답 their stories

Q2 코로나19를 계기로 전 세계에 비대면 문화가 확산되고 있다.

번역 순서 코로나19 / 확산시킨다 / 비대면 문화 / 전 세계

답 COVID-19

Q3 세계 경제 글로벌화의 급속한 진행으로 국가간 무역 규모가 증가하면서 무역의 공정성 문제가 크게 대두되고 있다.

번역 순서 As 급속한 진행 in 글로벌화 / 세계 경제(주어) / 증가시킨다 / 무역 규모 / 무역의 공정성(문제) / 대두

답 rapid progress

번역 순서 글로벌화가 급속화되면서 / 증가 / 무역 규모 / 국가간 / 대두 / 공정 무역

답 accelerated

Q4 이번 정책으로 미세 먼지의 경감을 가져오는 효과가 확인되었다.

번역 순서 이번 정책 / 가져왔다 / 경감하다 / 미세 먼지

답 This policy/alleviating

3. of 없이 '~의' 번역

많은 경우 '의'는 '주어' 혹은 '목적어'로 번역이 됩니다.

Ex. 지인**의** 추천으로 (주어 의미)

[설명] 지인이 추천했다

[번역] my acquaintance recommended

Ex. 미세 먼지**의** 경감을 가져오는 (목적어 의미)

[설명] 미세 먼지를 경감시키는

[번역] mitigate **fine dust**

지문에 질문하기

Ex. 정부의 한국판 뉴딜 정책 윤곽이 나왔다.

[빅 픽처] 정부가 윤곽을 발표하다 / 정책을

[번역] The government outlined(unveiled) the Korean New Deal project.

Ex. 한글본의 재검증 작업이 필요하다는 의견이 많다.

[빅 픽처] 한글본을 재검증해야 한다는 의견이 많다.

[번역 순서] 의견이 많다 / 한글본 / 재검증되어야 한다

[번역] Many said that the Korean text should be reviewed.

Ex. 관광 산업의 고부가 가치화를 위해서는 투자가 필요하다.

[번역 순서] 관광 산업을 고부가 가치화하기 위해서는 / 필요하다 / 투자

[번역] Investment is critical to adding high value to the tourism industry.

Ex. 한반도와 중동의 상황이 상당히 다릅니다.

[번역 순서] 한반도와 중동이 / 처하다 / 다른 상황

[번역] The Korean Peninsula and the Middle East are facing significantly different situations.

'significantly(상당히)' 어디까지 가능할까?

한국은 경제협력개발기구(OECD) 회원국 중에서 세금이 가장 **가파르게** 오르고 있다.
Korea has implemented the most significant tax hike among OECD member states.

세계적으로 물가가 **크게** 상승하고 있다.
Prices are rising **significantly** around the world.

소상공인 맞춤형 지원과 방역 의료 예산을 **대폭** 보강할 수 있게 되었다.
We have been able to **significantly** increase customized support for microbusiness owners and funding for epidemic prevention.

미국측은 탄소 배출량을 **대대적으로** 줄이는 데 대한 중국의 적극적인 동참을 촉구했다.
The U.S. has called on China to join efforts in significantly reducing carbon emissions.

소득에 따라 사교육비는 **큰 차이로** 벌어졌습니다.

The discrepancy in private education costs versus income has grown **significantly**.

결국 문제 해결의 근본 해법은 백신 공급을 **획기적으로** 늘리는 것일 수밖에 없습니다.

In the end, the fundamental solution to the problem is to **significantly** increase the supply of vaccines.

농산물 생산도 **몰라보게** 증가했습니다.

Agricultural production also rose **significantly**.

다른 지문 같은 방식 빈칸 채우기

Q1 그는 지인**의** 추천으로 그 책을 읽게 되었다.

A1 His acquaintance _____ him to read the book.

Q2 인류**의** 생존을 위협하는 신호들을 우리 주변에서 어렵지 않게 발견할 수 있습니다.

A2 We can easily find signs threatening _____.

Q3 미국·유럽**의** 기후 변화 현상이 다시 전개되고 있다.

A3 Recently, the U.S. and Europe are _____ a resurgence of climate change.

Q4 시스템**의** 실행과 점검을 확실히 하겠습니다.

A4 We will actively implement and scrutinize the _____.

설명

Q1 그는 지인**의** 추천으로 그 책을 읽게 되었다.

[번역 순서] → 지인 / 추천했다

답 recommended

Q2 인류의 생존을 위협하는 신호들을 우리주변에서 어렵지 않게 발견할 수 있습니다

[빅 픽처] 신호들을 발견할 수 있다

[번역 순서] 우리는 / 발견할 수 있다 / 신호들 위협하는 / 인류의 생존을 / 쉽게 / 우리 주변

답 humankind

Q3 미국과 유럽의 기후 변화 현상이 다시 전개되고 있다.

[번역 순서] 주어: 미국과 유럽 / 동사: 겪는다 experience / suffer from / 목적어 / 다시 전개 of 기후 변화 현상

답 experiencing

Q4 시스템의 실행과 점검을 확실히 하겠습니다.

[번역 순서] 우리 / 확실히 / 실행과 점검을 할 것이다 / 시스템을

답 system

4. 주어 추가

지문에 질문하기

Ex. 정부는 백신 접종을 하였더라도 예방 수칙을 따를 것을 권고했습니다.

[번역 순서] 정부는 권고했다 / that **주어 추가** + '백신 접종을 하였더라도'
- those who were vaccinated / 따를 것을 / 예방 수칙들

[번역] The government advises that those who were vaccinated should still follow safety precautions.

Ex. 비트코인 아이디어는 주어진 수학 문제를 풀면 그 대가로 코인이 지급되는 방식이다.

[번역 순서] 아이디어 / 비트코인 is that 주어 추가 + (수학 문제를 풀면) / 동사: 그 대가로 지급된다(reward A with B) / 코인을

[번역] The idea behind Bitcoin is that those who solve math problems successfully are rewarded with bitcoins.

다른 지문 같은 방식 빈칸 채우기

Q1 앞으로 여성 기업에 대한 정부의 공공 구매도 대폭 확대함으로써, 여성 기업의 판로도 더 크게 열 생각입니다.

A1 _____ will significantly expand its public procurement from women-owned companies to help them greatly enlarge their market.

Q2 한국 기업들은 AI에 대해 어느 정도의 관심을 가지고 있는 지 궁금합니다.

A2 _____ would like to know about Korean companies' interest in the AI industry.

Q3 유튜브는 개인 아이디를 입력해야만 이용자들이 댓글을 달수 있도록 했다.

A3 YouTube requires _____ to type in their IDs to post their comments.

Q4 코로나19 유행에도 불구하고 장비를 차질 없이 생산해 낸 덕분에 한국 업체들에 대한 해외 바이어들의 인식이 달라졌다.

A4 Amid the pandemic crisis, _____ have smoothly produced devices, which has brought a shift in overseas buyers' perspective of them.

설명

Q1 앞으로 여성 기업에 대한 정부의 공공 구매도 대폭 확대함으로써, 여성 기업의 판로도 더 크게 열 생각입니다.

– '생각입니다'의 주어 추가 → 정부는

답 **The government**

Q2 한국 기업들은 AI에 대해 어느 정도의 관심을 가지고 있는지 궁금합

니다.

- '궁금합니다'의 주어 추가 → 나는

답 I

Q3 유튜브는 개인 아이디를 입력해야만 이용자들이 댓글을 달수 있도록
했다.

- '입력하다'의 주어 추가 → 이용자들

답 users

Q4 코로나19 유행에도 불구하고 장비를 차질없이 생산해 낸 덕분에 한
국 업체들에 대한 해외 바이어들의 인식이 달라졌다.

- '생산해 내다'의 주어 추가 → 한국 업체들

답 **Korean companies**

빈칸을 채워 보세요

Q5 외국 기업들이 중국에서 공평하게 경쟁할 수 있도록 호의적인 여건을
조성해야 합니다.

번역 _____ should provide a favorable environment where foreign
companies can compete fairly in the Chinese market.

Q6 2025년까지 GDP를 2010년 대비 2배로 늘리겠다는 정부 공약을 달
성할 것입니다.

번역 _____ will achieve its pledge to double the GDP of 2010 by 2025.

설명

Q5 외국 기업들이 중국에서 공평하게 경쟁할 수 있도록 호의적인 여건을 조성해야 합니다.

– '조성해야 합니다'의 주어는? 중국

답 China

Q6 2020년까지 GDP를 2010년 대비 2배로 늘리겠다는 정부 공약을 달성할 것입니다.

– '달성하겠다'의 주어는? 한국 정부

답 The Korean government

'증가 / 감소'의 전치사?

'~% 증가 / 감소'를 나타낼 때

번역 순서 증가 / 감소 / ~% (한국어의 반대 순서)

rise / decline 'to 2 percent'는 '2 퍼센트로 증가 / 감소 (**결과**)
rise / decline 'by 2 percent'는 '2퍼 센트가 증가 / 감소 (**차이**)

이 경우 **'to' 전치사는 반드시 표기**해야 하고 **'by' 경우는 생략**되기도 합니다. 그래서 영문에는 'by'가 생략된 형태가 많이 나옵니다.

Ex. 유럽 투자가 2.9퍼센트 증가하여 10.2퍼센트가 되었다.

[번역] Investment in Europe rose (by) 2.9% to 10.2%.

Ex. 유럽 투자가 10.2퍼센트가 감소되어 2.9퍼센트가 되었다.

[번역] Investment in Europe declined (by) 10.2 % to 2.9%.

cf.) percentage는 숫자와 같이 쓰지 않습니다.

Ex. A small percentage of people are unvaccinated.

[번역] 백신 미접종자가 적다.

• **최고치/최저치를 기록하다**

record a new high/ **hit** the highest level/**reach** the highest record/reach a peak

record a new low/ **hit** the lowest level/**reach** the lowest record /reach (rock) bottom

사상 최고치 **갱신**하다

hit a **new** all-time high

5. if / because / as 절을 주어로

지문에 질문하기

Ex. 만일 어떤 사람이 허락을 받지 않고 타인의 저작물을 사용한다면 저작권자는 그를 상대로 민사상의 손해 배상을 청구할 수 있다.

[설명 1] If 절의 주어: 어떤 사람 / 동사: 사용하다 / 목적어: 타인의 저작물 허락없이 / 주절 주어: 그 저작권자 / 동사: 청구할 수 있다 / 목적어: 민

사상 손해 배상 against 그 어떤 사람(불법 이용자)

[번역 1] If a person uses copyrighted works without permission, copyright holders can file a civil suit for damages against infringers.

[설명 2] If 절을 주어로 → '명사 of 명사' 구조

주어: 허락받지 않은 사용 of 타인의 저작물 / 동사: 할 수 있다(enable / empower) / 목적어: 저작권자 to 청구하다

[번역 2] The unauthorized / illegal use of copyrighted works empowers copyright holders to file a civil suit for damages against infringers.

Ex. 북한에 대한 고삐를 조여야 북한의 태도 변화를 유도할 수 있다.

[설명] 주어: 북한에 대한 고삐를 조여야 → 뒤집기: 고삐를 조이는 것 / 북한을

[번역] Tightening the reins on the North will force the country to shift its policy.

Ex. 아마존과 같은 전자 상거래 업체들이 성행하면서 기존 기업들은 계속되는 위기에 처할 것이라는 게 지배적인 생각이다.

[번역 순서 1] As / 전자 상거래 업체들 / 아마존 같은 / 성행하다 / 지배적인 생각이다 / 기존 기업들 / 처할 것 / 계속되는 위기

[번역 1] As e-commerce companies such as Amazon are thriving, many say that traditional companies will face further instability.

[번역 순서 2] 주어: 아마존과 같은 전자 상거래 업체들이 성행하면서 → 성행 of

전자 상거래 업체들 / 동사: ~한다 / 기존 기업들 / 처하게 / 계속 되는 위기를

번역2 Many say that thriving e-commerce companies such as Amazon will drive traditional companies to face further instability.

Ex. 대량의 백신을 수송하려면 인프라를 대폭 확충해야 한다.

번역 순서 주어: 수송 of 대량의 백신들 / 동사: 해야 한다 / 목적어: 확충 / 인프라

번역1 The transportation of a massive amount of vaccine requires the expansion of infrastructure.

번역2 The expansion of infrastructure is critical to transporting a massive amount of vaccine.

cf.) infrastructure: 불가산명사(UC)이며, 한국어 표현 '인프라를 구축'처럼 infra로 줄여 쓰지 않습니다.

Ex. 성장이 가속화하면 온실 가스 배출이 늘어나고 결국 생태계 파괴로 이어지게 됩니다.

번역 순서 주어: 성장이 가속화하면 → 가속화된 성장 / 동사: 늘어난다 / 목적어: 온실 가스 배출량 + 동사: 이어진다 / 생태계 파괴

번역 Accelerating growth will increase greenhouse gas emissions and eventually lead to ecosystem destruction.

Ex. 사태 수습이 지연될 경우 또다시 우려되는 올림픽 개최 연기 문제로

이번 합의에 이르게 되었습니다.

[빅 픽처] ~해서 이번 합의에 이르게 되었다

[번역 순서] 우리가 / 이르게 되었다 / 이번 합의 / why: because **주어 + 동사**

주어: 사태 수습이 지연될 경우 → 지연 / 사태 수습

동사: 우려된다 (의미: 야기한다) / 연기 문제가 / 또다시

[번역] We reached this agreement because the postponement in dealing with the crisis is likely to cause another delay in opening the Olympics.

Ex. 중국 로켓이 통제가 되지 않는 방식으로 대기권으로 진입하자 어느 곳에 추락할지 몰라 인명 피해에 대한 우려가 제기되었습니다.

[빅 픽처] 중국 로켓이 진입하자 우려가 제기되었다

[번역 순서 1] 중국 로켓이 / 진입했다 / 대기권으로 / 통제가 되지 않는 방식으로 / 우려 / 인명 피해에 대한 / 제기되었다 / why: 어느 곳에 추락할지 몰라

[설명] '어느 곳에 추락할지 몰라'는 '인명 피해에 대한 우려의 근본적 이유'이기 때문에 because로 연결합니다.

because (우리가) 모른다 / what: (그 로켓이) 추락할 곳을

[번역] A Chinese rocket entered into the atmosphere in an uncontrolled state and concerns over casualties are raised because we can't expect its destination.

[번역 순서 2] 주어: 중국 로켓이 통제가 되지 않는 방식으로 대기권으로 진입을 하자 → 중국 로켓의 진입 into 대기권 / 통제되지 않는 방식으로 / 동사: 제기했다 / 우려를 / 인명 피해에 대한 / 어느 곳에 추락할지 몰라(모르는

추락지)

[번역] Chinese rocket's entry into the atmosphere in an uncontrolled state raised concerns over casualties for fear of its uncertain destination.

---

for fear of: ~할지 몰라 / ~까 봐

사람들의 감정을 상하게 **할지 몰라** 그녀는 아무 말도 안 했다.
She said nothing **for fear of** hurting their feelings.

많은 여성들이 직장 생활에 불이익이 있을**까 봐** 입장을 밝히기를 주저한다.
Many women hesitate to speak out **for fear of** jeopardizing their careers.

다른 지문 같은 방식 빈칸 채우기

Q1 대한 민국의 이러한 노력이 성공을 거둔다면 저탄소, 기후 탄력적 경제를 이루기 위해 의미 있는 기여를 할 수 있을 것이 확실합니다.

A1 It is certain that Korea's _____ in this effort will enrich a low-carbon, climate-resilient economy.

Q2 번역 오류가 객관적으로 투명하게 공표되면, 고도의 공익적 성격이 있다고 밝혔다.

A2 The _____ _____ of the translation errors will promote the highest public interest.

Q3 코로나 바이러스를 적절히 대응하지 않으면 2022년까지 종식되지 않을지도 모른다는 경고가 있었다.

A3 Some warned that a(n) _____ _____ to the pandemic may prolong the crisis until 2022.

Q4 코로나19의 확산이 계속되면 전 세계의 마이너스 성장의 폭이 더 커질 것이라고 예측되었다.

A4 The _____ of the COVID-19 is expected to aggravate the current negative growth in the global economy.

설명

Q1 대한민국의 이러한 노력이 성공을 거둔다면 저탄소, 기후 탄력적 경제를 이루기 위해 의미 있는 기여를 할 수 있을 것이 확실합니다.

– 대한민국의 이러한 노력이 성공을 거둔다면(If Korea succeeds in this effort) → 주어로

– Korea의 짝: 이러한 노력(×) 성공(○) + in

동사: 의미 있는 기여를 하다 make a meaningful contribution to → enrich / set the stage for / lay the groundwork for / pave the way for / largely contribute to / play a major role in

답 success

'certain'의 의미

1. be 동사 + certain: **확실하다**
내가 운이 좋다는 것은 **확실하다**
It is certain that I am lucky.

2. certain + 명사: 몇몇
중국의 **몇몇** 지역에서 미세 먼지 농도가 완화 되고 있다.
Certain areas in China show improvement in fine dust.

Q2 번역 오류가 객관적으로 투명하게 공표되면, 고도의 공익적 성격이 있다고 밝혔다.

- 번역 오류가 객관적으로 투명하게 공표되면 If translation errors are transparently disclosed → 주어로

- 투명한 공표 of 번역 오류들 / 가져온다 / 고도의 공익적 성격

답 transparent disclosure

Q3 코로나 바이러스를 적절히 대응하지 않으면 2022년까지 종식되지 않을지도 모른다는 경고가 있었다.

- If the COVID-19 is not appropriately responded → 주어로

- 적절하지 못한 대응 of the Corona virus / 종식시키지 못할 것이다(장기화될 것이다) / 2022년까지

답 inappropriate response

Q4 코로나19의 확산이 계속되면 전 세계의 마이너스 성장의 폭아 더 커질 것이라고 예측되었다.

- If the COVID-19 persists → 주어로
- 계속되는 확산 of 코로나19 → 계속 되는 확산 of the COVID-19 / 예측되다 / 더 크게 할 것 / 목적어: 전 세계의 마이너스 성장을

답 persistence

번역, 낯선 여행

번역이라고 하면 흔히 조용하고 답답한 작업이라고 인식하기 쉽습니다. 종일 컴퓨터 화면 앞에 앉아서 하는 작업이기 때문입니다. 하지만 번역은 낯선곳으로의 모험입니다.

먼저 똑같은 텍스트를 번역하는 일은 전혀 없습니다. 늘 텍스트의 내용이 새롭기 때문에 싫증을 낼 틈이 없습니다. 한 편 늘 낯 설음과 직면해야 합니다. 그 낯 설음을 극복하고 어떻게 번역할지 여행을 떠날 때 지도를 보고 방향을 찾는 마음으로 텍스트를 봐야합니다

둘째, 시간의 제약을 받습니다. 데드라인은 늘 넉넉하지 않습니다. 그러니 겉보기에는 조용한 것 같아도 내부는 전쟁 중입니다. 어떻게 하면 더 좋은 구조와 표현으로 번역할까 와 시간과의 제약사이에서 숨가쁜 전쟁을 치릅니다.

셋째, 번역을 하는 언어와 원문의 언어는 구조와 표현이 다르기 때문에 마치 수수께끼를 맞추는 작업처럼 번역가가 주체가 되어 단어의 순서와 표현을 정해야 합니다. 겉보기에는 가만이 앉아 있는 것처럼 보이지만 치열한 두뇌 전쟁을 벌여야 좋은 번역이 됩니다

넷째, 번역을 마치고 나면 낯선 여행을 무사히 마친 자신의 성장을 느낍니다. 그래서 또 번역하게 됩니다.

06

구조편 총정리

자, 이렇게 구조편이 끝이 났습니다. 이제 여러분은 모두 한영 번역을 잘하실 수 있게 될 것입니다. 왜냐하면 제가 산증인이기 때문입니다. ('산증인'은 영어로 어떻게 표현할까요? '증인'이 뭐냐고 질문하면 대부분 'witness'라고 대답할 겁니다. 하지만 여기서는 그 의미가 '목격자'가 아니라 '장본인'이라는 의미이니 그 의미에 맞는 표현을 써야 합니다.)

제가 통역대학원 입학 시험을 치렀던 때는 1차는 토플 성적을, 2차는 주어진 주제에 대한 에세이 쓰기와 인터뷰 성적을 봤습니다. 그래서 번역을 따로 공부해 본 적이 없었습니다. 개강을 하고 첫 번째 한영 번역 시간이 아직도 생생합니다. 교수님이 복사물을 한 장씩 나눠 주셨습니다. 받아 보니 '동아 마라톤 대회' 관련 기사였습니다. 이걸 영어로 번역을 하라니요. 손으로 짚어 가며 '은' '는' '이' '가'가 붙은 것은 주어로 '을' '를'이 붙은 것은 목적어로 썼습니다. 하지만 나머지는 해결이 안 됐습니다.

어떻게 해야 했을까요? 그 답이 이 책입니다. 그때는 제 번역 스킬이 '은'

'는' '이' '가' '을' '를'을 찾는 것뿐이었지만 한국어와 영문을 비교하고 영문을 관찰하면서 번역 스킬이 광풍 레벨업되었습니다. 뒤집고, 짝 찾고, 군살은 빼고, 5W + 1H로 '뭐가 뭘 한다는 것일까'를 끊임없이 질문하였습니다. 글자를 따라다니는 노예 생활에서 벗어나 빅 피처를 보려고 했습니다.

이런 번역 스킬을 아는 것에서 터득하기까지는 연습하고 분석하는 시간이 필요합니다. 그러면서 차차 자신감이 생깁니다. 그래서 다음 번역이 기대가 됩니다. 여러분도 재미있게 잘할 수 있습니다. 허접했던 제가 이제는 한영 번역을 업으로 삼고 번역이 주는 즐거움을 알게 되었으니까요. 제가 산 증인이니까요(I am a living testament to improvement in translation from Korean to English).

Section

3

표현편

Korean
English
Translations

한국어는 맛깔나는 표현이 참 많습니다. 유구한 문화와 역사의 산물입니다. 하지만 번역사는 이런 맛깔나는 표현에 즐거울 수만은 없습니다. 해결해야 할 문제이기도 하기 때문입니다.

이런 표현들을 영어로 전환할 때 어떻게 해야 할지 막막할 때가 많았습니다. 하지만 지금은 잘 만들어 냅니다. 방법을 터득했으니까요. 그리고 그런 표현을 만들다 보면 재미있는 놀이가 되는 것도 알았습니다.

지금부터 그런 표현을 만들어 가는 과정을 소개하겠습니다. 많은 경우 한영 사전이 도움을 주지만 또 많은 경우 문맥과 안 맞는 부자연스러운 표현도 많습니다. 또한 '갑질' '확찐자' '동네 상권' 등 새로운 표현은 계속 만들어집니다. 그래서 더욱 그 대응 표현을 만들어 내는 능력이 중요합니다.

제4차 산업 혁명 시대의 삶을 조망한 《사피엔스》의 저자 유발 하라리 교수의 조언대로 인공 지능이 할 수 없는 인간만의 creativity와 insight를 십분 발휘해야 합니다. 그러면 무에서 유를 만들어 내는 즐거움이 생깁니다.

그러려면 어떻게 해야 할까요? 글자가 아니라 늘 '의미'를 생각해야 합니다. 시작은 거기에 있습니다. '짧은 소견이지만'에서 '짧은'의 의미는 무엇일까요? 그 의미는 '길고 짧고'가 아닙니다.

코로나 사태로 인해 확진자가 늘면서 이를 빗대어 '확찐자'라는 표현도 생겼습니다. 이 표현을 영어로 옮겨야 합니다. 어떡하죠? 모든 표현이 한영사전에 있는 것도 아니고 특히 신조어는 더욱 그렇습니다. 표현을 만들 수 있는 방법을 저와 함께 '학(學)'하신 후 '습(習)'하셔서 여러분도 방법을 터득하시기를 소망합니다.

Ex. 확찐자 → 찐자 → 체중이 늘다(gain weight)에서 출발 → 명사 만들기 (뒤집기) → weight gainers(찐 사람) + 확(quick)

[번역] quick weight gainers

코로나19

코로나19로 인한 용어들이 계속 만들어집니다. 올바른 영어 표현을 소개합니다.
'위드 코로나가 시행됩니다'에서 '위드 코로나'의 번역은?
with Corona(×) → amid living with COVID-19(or the Corona virus) / the phased return to life (단계적 일상 회복) / eased restrictions on the pandemic
언택트: contactless
홈코노미: the stay-at-home econxomy
홈트족: people working out at home

01

적절한 표현
찾는 방법

표현 찾기의 시작은 단 한 가지입니다. '글자'가 아니라 '의미'입니다. 하지만 글자 파워가 강해서 벗어나기가 참 힘듭니다. 나도 모르게 여전히 글자를 따라갑니다. 에세이를 쓰는 수준은 높아도 번역을 위해 '글자'를 보는 순간 경직됩니다. 그리고 글자 번역을 합니다.

이렇게 쓰고 있으니 한 학생이 생각납니다. 수업 중에 의미 번역을 강조하면서 '나는 인간이다' '나는 기계가 아니다'라는 말을 했더니 번역을 제출하면서 '교수님, 번역을 시작할 때는 인간이었는데 오늘도 변함없이 기계로 끝났습니다'라는 글을 남겼습니다. 하지만 이런 점을 자각한 그 학생은 점점 인간으로 번역하는 시간이 늘어나 결국 인간의 번역을 했습니다.

나는 인간이다

우리는 인간이 분명한데 한영 번역을 할 땐 기계 같다는 생각을 많이 합니다. 원문을 정리하거나 의미를 전달하려 하지 않고 원문에 있는 글자 하나하나를 다 그대로 번역하기 때문입니다. 물론 모두 틀린 것은 아닙니다만, '의미 전달'이 안 될 때도 많고 '불필요한 부분(군살)'이 붙을 때도 많습니다. 다음의 지문들을 통해 글자가 아닌 의미가 번역되는 예시를 볼 수 있습니다.

정부는 시민에게 **안도감을 주어**야 한다.
The government should **give a sense of relief to** citizens.
→ The government should **reassure** citizens.

정부 정책이 경제에 **집중한 측면이 있다.**
Governmental policies **have the aspect of focusing** on the economy.
→ Governmental policies **emphasize** the economy.

북한의 핵무기 보유는 국제 평화와 **직결된다.**
North Korea's nuclear weapons **are directly related to** global peace.
→ North Korea's nuclear weapons **threaten** global peace.

백신은 국민의 생명과 **직결된다.**
Vaccines **are directly related to** people's life
→ Vaccines **protect** people.

가전 업계가 시장 상황에 **촉각을 곤두세우고 있다.**
The electronic home appliance industry is **on full alert for** the market.
→ The electronic home appliance industry is **monitoring** the market.

적은 주택 공급량이 주택 가격 상승의 **원인으로 분석된다.**
The limited supply of houses **is analyzed as the cause of** hikes in housing prices.
→ The limited supply of houses **affects / factors into** hikes in housing prices

인터뷰 영상에는 해리 왕자가 다이애나 비에 대한 기억을 말하는 **장면이 담겨 있습니다.**

The interview video **included a scene** where Prince Harry invoked the memory of Princess Diana.

→ Prince Harry **was seen** to invoke the memory of Princess Diana in an interview video.

이 합의는 미국의 중국산 제품에 대한 관세 부과를 **시작으로 여러가지 내용을 골자로 하고 있다.**

This agreement **has many main points starting** the imposition of tariffs on Chinese produces by the U.S..

→ This agreement **includes** the tariffs on Chinese products imposed by the U.S. and many other key issues.

기후 변화로 지구 온도가 상승할 것이라고 전문가들은 **우려를 표명한다.**

Experts **express their concerns** that climate change will lead to a warming planet.

→ Experts **warn / fear** that climate change will lead to a warming planet.

코로나19로 한국의 분야별 4차 산업 혁명의 경쟁력이 **민낯을 드러냈다.**

The COVID-19 pandemic has **laid bare** Korea's lack of competitiveness in Fourth Industrial Revolution sectors.

→ The COVID-19 pandemic has **revealed / exposed** Korea's lack of competitiveness in Fourth Industrial Revolution sectors.

원어민과 대화를 하든, 통번역을 하든 표현이 막히면 그때부터 소통은 불통이 됩니다. 막힌 표현을 어떻게 만들어 내는지 그 과정을 배워 봅시다.

1. 중심축 찾기

지문에 질문하기

Ex. 이것이 이 제안에 대한 제 짧은 소견입니다.

[설명] 보통은 짧은(short) + 소견(opinion)으로 각각 단어를 정한 후 레고 조각처럼 끼워 맞추기를 합니다. 이렇게 하면 맞는 경우도 있지만 아닌 경우가 더 많습니다. 그럼 어떻게 해야 할까요? 방법은 '중심축'을 정하는 것입니다. 동사일 때도 있고 명사일 때도 있습니다. 가장 중심이 되는 단어입니다. 여기서는 '명사 opinion'입니다. 그 후 opinion과 같이 쓸 수 있는 '의미'에 맞는 형용사 찾기입니다. 그러면 그 의미는 길다, 짧다가 아니라 '의견의 중요성'에 관한 것입니다.

[번역] This is my humble / small opinion on this proposal.

그래서 암기가 필요합니다. 어느 정도는 재료가 있어야 생각할 거리가 있기 때문입니다.

Ex. 각국 정부가 백신 보급에 총력전을 펼치고 있다.

[설명] 한영사전을 찾아보면 'all-out war'라는 표현이 나옵니다. 전쟁입니다. 하지만 '총력전'의 의미는 전쟁이 아닙니다. 그 방법은 '총력전' 중 가장 중요한 글자에 올인하는 것입니다. '총'은 많다는 의미하고 '전'은 전쟁이니 어떤 '전쟁'을 하는지에 해당하는 글자는 '력'입니다. '력'이 중심축입니다. '력'은 effort입니다. 그에 따라 'make(전) every(총) effort(력)'가 만들어집니다.

[번역] Each government is making every effort in supplying vaccines.

'총력전'의 다양한 표현

make every effort 중 every를 대신하는 형용사

make ceaseless efforts / make collective efforts / make concerted efforts / make strenuous efforts

make every effort 중 make every를 대신하는 동사

accelerate / consolidate / galvanize / redouble efforts

Ex. 남북 관계가 **거의 끊어져 있다시피 해서** 문재인 대통령이 공들여 온 한반도 평화 프로세스가 사실상 회복 불능 상태에 빠진 것 아니냐는 비관론이 팽배하고 있다.

[빅픽처] 남북 관계가 거의 끊어져 있다시피 해서 문 대통령의 한반도 평화 프로세스도 불능

[설명1] (남북 관계가) 거의 끊어져 있다시피 → 거의 끊어져 있다시피 한 (남북 관계)

– '거의 끊어져 있다시피 한' (형용사) + 남북 관계

[설명2] '사실상 회복 불능 상태에 빠지게 하다'(동사) / 평화 프로세스를

[번역 순서] 비관론 / 팽배하고 있다 / 거의 끊어져 있다시피 한 남북 관계가 / 회복 불능 상태에 빠지게 하다 / 평화 프로세스를 / he(문 대통령) / 공들여 온

[번역] Criticism is prevailing that **sour** inter-Korean relations may destroy Moon's efforts in the peace process on the Korean peninsula that he has galvanized.

Ex. 그 사람은 남의 말을 귓등으로 듣는다.

[설명] 중심축은 '듣는다'입니다. 듣긴 듣는데 '귓등으로' 듣습니다. 방법은 '듣는다'는 단어와 관련 있는 표현 중 '귓등으로(듣는다)'의 의미를 찾아야 합니다. 뭘까요? 듣긴 듣는데 '주의 깊지 않게' 듣는 것이겠죠. 레고 조각을 맞추듯 한 단어 한 단어를 생각하는 것이 아니라 **중심축인 단어와 어울리는 단어 찾기**를 시작해야 합니다.

[번역] He **inattentively** listens to me.

추축이 **난무하다.**

Speculation is wild dance → Speculation **abounds**

초읽기에 들어갔다.

begin to read seconds → **begin the countdown to**

중국이 홍콩 보안법 통과를 놓고 **초읽기에 들어갔다.**

China has **begun the countdown to** the passage of Hong Kong's security law. 혹은, The passage of Hong Kong's security law is **imminent.**

분야**별** 지식을 습득하다.

acquire domain star knowledge → 물론 'star'는 아닙니다 → acquire domain-**specific** knowledge

경제 불황이 **어제오늘의 일이 아니다.**

yesterday today → (안 좋은 일이) 지속 → The economic recession **persists.**

세계 경제 **산 넘어 산**

mountain over mountain → The global economy **is getting serious.**

시도 때도 없이 오는 광고 전화

without time and occasions → **unwanted** robocalls

Ex. 외국의 협업 툴 서비스들이 한국에서 **강세를 보이고 있다.**

[설명] '강세를 보이고 있다'를 찾아보면 hold one's ground / strength 등이 있습니다. 가능하지만 의미상의 표현을 스스로 만드는 능력은 매우 중요합니다. 왜냐하면 검색을 못할 상황도 있고 검색해도 적당한 표현이 아닌 때도 많으니까요.

이럴 때도 '중심축 잡기'가 필요합니다. '강세를 보이고 있다'는 잊어 버리고 중심축인 '협업 툴 서비스들'을 '어떻게 한다는 것일까?' 에 해당하는 동사가 필요합니다. 서비스가 강세라는 것은 '그 서비스를 많이 이용한다'는 뜻이겠죠.

[번역] International collaboration tools **are widely used** in Korea.

다른 지문 같은 방식 빈칸 채우기

Q1 나는 그 거래에서 많은 손실을 입었다.

A1 I _____ heavy losses in the deal.

Q2 무심코 페이스북에 올린 글이 후에 발목을 잡는다.

A2 Causal postings on face book may _____ your future.

Q3 은행 문턱이 높아 대출을 받기 힘들다

A3 _____ to bank access prevent us from getting a loan.

Q4 성적의 상향평준화가 이루어지고 있다.

A4 Scores are _____.

설명

Q1 나는 그 거래에서 많은 손실을 입었다.

- 손실은 loss, 입다는 wear가 생각납니다. 중심축 '손실'에 집중하고 '입다' 대신 '손실'과 어울리는 짝꿍 동사를 찾아야 합니다. '손실'을 어떻게 하는

것일까요?

손실을 당하거나 겪습니다: suffer losses.

반대로, 손실을 입히기도 합니다: cause losses.

답 suffered

Q2 무심코 페이스북에 올린 글이 후에 발목을 잡는다.

설명 '무심코 올린 글'과 같이 쓸 수 있는 '후에 발목을 잡는다'의 의미상 동사는?

→ 부정적 의미의 동사가 필요

답 affect / devastate / jeopardize / peril / ruin / threaten / undermine

Q3 은행 문턱이 높아 대출을 받기 힘들다.

설명 은행 '문턱'과 '높다' 의미는? 은행 이용이 어렵다

번역 순서 어렵다 / 은행 이용 / 못하게 한다(prevent) / 받기 / 대출

답 Barriers

Q4 성적의 상향 평준화가 이루어지고 있다.

설명 '상향 평준화'의 의미는? 성적 수준을 높게 올림

cf.) 성적이 하향 평준화되고 있다: Scores are downward

답 upward

빈칸을 채워 보세요

Q 5 한국은 교육을 통한 인적 자원 계발에 집중함으로써 오늘날의 모습을 일구어 낼 수 있었습니다.

A 5 Korea was able to achieve today's _____ with the nurturing of human resources through education.

Q 6 중앙의 조율 부재로 모든 상황이 혼란스러워지고 소셜 미디어에 의한 인포데믹을 부채질하고 있다.

A 6 The absence of central control will confuse every situation, _____ a social-media-oriented Infodemic.

Q 7 페이스북, 트위터, 유튜브 등 소셜 미디어의 알고리즘 중독성이 미국 의회에서 도마 위에 올랐다.

A 7 Social media, such as Facebook, Twitter and You Tube, which have been criticized for their addictive algorithms are _____ by the U.S. Congress.

Q 8 불모지의 분야에서 우리 손으로 국민의 건강을 지켰습니다.

A 8 Our medical _____ enables us to protect public health in an untapped field.

설명

Q 5 한국은 교육을 통한 인적 자원 계발에 집중함으로써 오늘날의 **모습**

을 일구어 낼 수 있었습니다.

– '인적 자원 계발에 집중'한 결과 오늘날 '모습'의 의미는? 오늘날 '번영'

답 prosperity / success

Q 6 중앙의 조율 부재로 모두의 상황이 혼란스러워지고 소셜 미디어에 의한 인포데믹을 **부채질하고 있다.**

– 부채질하다 → 더 크게 하다 → 가속화 / 본격화하다

답 accelerate

'accelerate(가속화하다)' 어디까지 가능할까?

정부는 부패 방지에 **박차를 가해야 한다.**
The government should **accelerate** anti-corruption.

세계적으로 IT 기기 보급률이 **급속도로 성장했다.**
The distribution rate of IT devices has **accelerated** worldwide.

선거 운동이 **본격화되었다.**
Election campaigns are **accelerating**.

정부가 북의 비핵화를 위한 정책에 **속도를 내고 있다.**
The government will **accelerate** policies to denuclearize the North.

아세안 공동체의 출범은 동아시아 협력을 **촉진하게 될** 것입니다.
The advent of the ASEAN Community will **accelerate** East Asian cooperation.

국가간 경제 교류가 **빠르게 진행되고 있다.**

Cross-border economic exchanges are **accelerating**.

일정을 **앞당겨야** 했다.
We were forced to **accelerate** our schedule.

그러한 경쟁은 중소 금융 기관의 구조 조정 **속도에 불을 붙일** 것이다.
Such competition will **accelerate** the pace of restructuring of small and medium-size institutions.

경쟁자들은 내년 선거에서 우위를 차지하기 위해 자신의 이미지를 제고하려는 노력이 **한창이다**.
The contestants are accelerating efforts to raise their profile, hoping to gain an upper hand in the election next year.

보고서는 북핵 문제가 타결되면 기계류, 전자 기기, 원자재 교역이 **급증할** 것으로 예상했다.
The report forecasts that the resolution of the North's nuclear issue will **accelerate** trade in machinery, electric devices and raw material.

Q7 페이스북, 트위터, 유튜브 등 소셜 미디어들의 알고리즘 중독성이 미국 의회에서 **도마 위에 올랐다.**

– 미국 의회에서 알고리즘 중독성을 어떻게 할까요? → 조사하다

답 called into question or investigated

cf.) 다른 맥락에서는 discuss도 가능

Ex. 연금 제도가 도마 위에 올랐다.

번역 A pension scheme is heatedly discussed.

Q 8 불모지의 분야에서 **우리 손으로** 국민의 건강을 지켰습니다.

[설명] '우리 손으로'의 의미: with our hands (×) → '우리 기술로' 국민의 건

강을 지켰다 (○)

[답] technology

암기해야 할 영어 표현

영어가 세계 공용어인 이유는 다양한 표현들이 발달했기 때문입니다. 그래서 영어는 우리가 써야 할 표현이 이미 있습니다. 만들어서 쓰는 것이 아니라 **암기해서 쓰는 영어 표현**입니다.

Ex. 우리 국내에서 개발된 기술로 국민의 건강을 지키고 있다.
[번역] We protect public health with homegrown medical technology.

다음과 같은 표현은 정해져 있습니다. 다음 빈칸에 **공통으로 들어갈 단어**는 무엇일까요?

이 문제를 해결할 **실행** 계획이 필요하다
We need a(n) _____ plan to address this issue.

그들은 법적 **대응**을 하지 않기로 했다.
They decided against taking legal _____.

[답] action

2. 반대로 사고하기

한국어와 영어는 사고가 다릅니다. 우리는 실내에 신발을 '벗고' 들어가지만 원어민은 신발을 '계속 신고(keep one's shoes on)' 들어갑니다. 이 사고 과정을 반영하여 표현을 찾아보겠습니다. 이 방법은 표현을 더 늘릴 수 있고 신선한 표현을 찾을 때도 유용합니다.

지문에 질문하기

Ex. 국민들이 현 정부의 위기 대응력에 대해 신뢰**하지 않고 있다.**

[설명] 신뢰 하지 않고 있다 → 부족하다

[직역] Citizens **didn't have** confidence in the current administration's response to the crisis.

[번역] Citizens **lacked** confidence in the current administration's response to the crisis.

Ex. 이 지역은 양국간의 분쟁이 **끊이지 않은** 지역입니다.

[설명] 끊이지 않은 → 계속되는

[번역] Disputes between two countries over the territory have been **persistent.**

Ex. 차질 없는 정책 추진으로 법 집행을 해야겠습니다.

[설명] 차질 없는 추진 → 엄격한 추진

[번역] With the **strict** enforcement of policies, we will conduct legal processes.

cf.) 새 시스템으로의 **차질 없는** 전환: a **smooth** transition to a new system

– 같은 '차질 없는'이지만 짝꿍이 되는 명사에 따라 다른 표현이 됩니다.

Ex. 카페인 음료는 잠을 **쫓기 위해** 마신다.

(설명) '(잠을) 쫓는다'라는 표현을 찾기 어려우면 반대 의미를 생각해 봐야 합니다.

– 반대로 생각해 보기 → 잠들지 않다(stay awake)

(번역) We drink caffeinated beverages to **stay awake**.

Ex. 총기 자유를 강조해 온 공화당이 민주당의 **손을 들어 줄 가능성이 희박하다고** 보고 있다.

(설명 1) 총기 자유를 강조 → 총기 규제를 반대

(설명 2) 주어: 공화당 / 동사: '손을 들어 줄 가능성'의 의미? → 찬성 + 희박하다 → 반대하다

(번역) Republican senators **opposing gun control** are likely to **resist** their Democratic counterparts.

'likely / unlikely(할 것 같다 / 같지 않다)' 어디까지 가능할까?

10월 소비자 물가가 3% 상승할 **가능성을 배제할 수 없다.**

Consumer prices in October **are likely to** rise 3%.

한국 경제가 장기적으로 회복하기 **어려운 국면에 처할 수 있다.**

The Korean economy is **unlikely** to recover in the long term.

배고픈 상태에서 운동을 하면 쉽게 지쳐 운동 효과가 떨어지고 저녁에 폭식으로 이어질 **수 있다.**

Exercising when you are hungry **is likely to** cause early fatigue and less benefit, leading to binge eating in the evening.

일각에서는 사고 현장으로 즉각 출동할 차량이 부족할 **수 있다며** 우려를 표하고 있습니다.

Some are concerned that cars mobilized for accident scenes **are likely to** be insufficient.

지난 수요일 정부는 중국이 한국에 18,700톤의 요소를 수출하기로 한 계약상 협정을 준수할 것을 요구해 미봉책을 가까스로 마련했음에도 예상치 못한 추가적인 문제가 더 불거질 **가능성이 있다.**

Although the government took makeshift measures on Wednesday after it called for China to export 18,700 tons of urea solution in compliance with the bilateral agreement, unexpected additional issues **are likely to** arise.

에너지 관리 목표를 지키지 못한 지방정부는 중앙정부로부터 불이익을 **받을 수 있다.**

Local governments who will fail to reach the target for energy management **are likely to** receive disadvantages.

이번 사태가 금융 위기로 이어질 **가능성은 작을 것으로** 예측했습니다.

This crisis **is unlikely to** cause a financial crisis.

대북 투자는 **줄어들 것 같다.**

Investments in the North is **unlikely** to continue.

다른 지문 같은 방식 빈칸 채우기

Q1 우리의 공조는 앞으로도 변하지 않을 것입니다.

A1 We will _____ our cooperation.

Q2 아직 핵 야욕을 포기하지 않은 국가들에게도 이란을 상대로 펼친 접근방식을 계속해야 합니다.

A2 We should take the same approach to countries _____ nuclear ambitions as we did with Iran.

Q3 이 분쟁은 LG 직원 다수가 SK로 이직하면서 시작되었습니다.

A3 This dispute erupted when a majority of LG employees were _____ by SK.

Q4 법무부에서는 그의 기소를 취하했지만 담당 판사가 이를 받아들이지 않고 있다.

A4 The Justice Department dismissed his case, to which a judge _____.

Q5 정상회담 결렬 이후 진행되지 않고 있던 남북 간 사업이 재개될 수 있을지 관심이 쏠린다.

A5 The inter-Korean projects _____ in the wake of failure of the summit talks is drawing global attention to their possible reopening.

Q6 이 목표가 단순한 또 하나의 계획에 그치지 않기 위해서는 전략을 잘 세워야 한다.

A6 To achieve this goal_____, we should develop coherent strategies.

Q7 수많은 사람들의 노력을 헛되지 않게 하기 위해서 좋은 결실을 맺도록 하겠습니다.

A7 To make many people's effort _____, I promise to produce a remarkable outcome.

설명

Q1 우리의 공조는 현재도 앞으로도 변하지 않을 것입니다.

- 변하지 않을 것 → 유지할 것

답 maintain

Q2 아직 핵 야욕을 포기하지 않은 국가들에게도 이란을 상대로 펼친 접근방식을 계속해야 합니다.

- 포기하지 않은 → 가지고 있는

답 with

Q3 이 분쟁은 LG 직원 다수가 SK로 이직하면서 시작되었습니다.

- '이직하다'를 찾아보면 change jobs가 나옵니다만 직업이 바뀐 것으로 회사와 함께 쓸 수 없습니다.

Ex. 그는 판매직에서 마케팅으로 이직했다.

[번역] He changed his job from sales to marketing.

그러니 주어와 목적어 관계를 잘 따져서 둘 사이의 의미에 맞는 동사를
찾아야 합니다.

- LG 직원이 이직하다 / SK로 → LG 직원 were **hired** by SK

[답] **hired**

[Q4] 법무부에서는 그의 기소를 취하했고 담당 판사가 이를 받아들이지
않고 있다.

- 받아들이지 않고 있다 → 거부하다

[답] **overturned**

[Q5] 정상 회담 결렬 이후 진행되지 않고 있던 남북 간 사업이 탄력을 받
을 수 있을지 관심이 쏠린다.

- 진행되지 않고 → 중지된

[답] **suspended**

[Q6] 이 목표가 단순한 또 하나의 계획에 그치지 않기 위해서는 전략을 잘
세워야 한다.

- 단순하 계획에 그치지 않기 위해서는 → 성공적으로 달성하기 위해서는

[답] **successfully**

[Q7] 수많은 사람들의 노력을 헛되지 않게 하기 위해서 좋은 결실을 맺도

록 하겠습니다.

– 헛되지 않게 → 의미 있게

답 meaningful

밑줄 친 부분에 공통으로 쓸 수 있는 형용사는?

1. 부패의 뿌리가 <u>쉽사리 뽑히지 않을 정도로 자리잡고 있다</u>는 것을 알게 되었습니다.
2. 인류의 생존을 위협하는 신호들을 <u>우리 주변에서 어렵지 않게 발견할 수 있습니다.</u>

빈 픽처 오랫동안 많이 지속

– prevalent / persistent / persisting / prevailing / rampant / widespread / remain steadfast or stubborn

1. I find that corruption is prevailing.
2. The threats posed to humankind are widespread.

---

3. 표현 늘리기

한영 번역을 할 때 다양한 표현을 찾는 방법입니다. 거의 한 줄 건너 나오는 단어인 '바꾸다/변화하다'를 예로 들어 다양하게 번역하는 방법을 설명하겠습니다. '변화하다'를 'change'로 끝내지 않겠다고 생각하는 것이 시작입니다.

1. 명사에 맞는 동사 찾기

데이터를 **변경하다**: revise data

2. 're + 동사'로 대신할 수 있습니다

rearrange / redefine / reframe / renew / reorganize / reshape + affect

다음 주 화요일 2시로 미팅을 **변경할** 수 있을까요?

Can we **rearrange/reschedule** the meeting for next Tuesday at two?

소셜 미디어로 친구의 의미가 **변했다.**

Social networking has **redefine**d the meaning of friends.

매년 나는 스포츠 클럽 회원권을 **변경한다.**

Every year, I **renew** my membership of the sports club.

새로 부임한 매니저가 부서를 전면 **변경하려** 한다.

The new manager plans to completely **reorganize** this department.

'plan(계획하다)' 어디까지 가능할까?

새로 부임한 매니저가 부서를 전면 변경하려 **한다.**
The new manager **plans to** completely reorganize this department.

추수감사절에 많은 행사가 **마련되어 있다.**
Many events **are planned for** Thanksgiving Day.

BTS가 콘서트를 열 **예정이다.**
BTS **is planning to** hold a concert.

글로벌 공급망 불안에 대해 철저히 **준비하**겠습니다.

We will thoroughly **plan for** global supply chain instability

이 사업은 **체계적**이다.

The project is **well-planned**.

저녁 **약속**이 있다.

I have dinner **plans**.

베이비부머 세대들이 나이가 들면서 사회가 **변화하고 있다.**

Baby Boomers continue to **reshape** society as they age.

편함과 빠름을 최고로 치는 생각을 **바꿔야 한다.**

We should **redefine** the concept of putting expediency and convenience above all else.

3. '변화하다'의 다른 표현들

세계 경제 위기가 세계 경제에 **변화를 가져왔다.**

The global economic crisis has **transformed**(동사)the global economy.

The global economic crisis has **marked a transformation in** (명사)the global economy.

The global economic crisis has **shift**ed(동사)the global economy.

The global economic crisis has **brought a shift(명사)** in the global economy.

지문에 질문하기

글자는 '변화하다'이지만 '의미'에 맞는 표현을 찾을 수 있습니다.

Ex. 지금 말씀드린 암담한 미래는, 인류가 **변화 없이 지금처럼 살아간다면** 직면하게 될 것이라는 말입니다.

[설명] 주어: 인류 / 동사: 변화없이 지금처럼 → 유지하다 / 고집하다 / 목적어: 삶

[번역] The dismal future that I have brought up will unfold if humanity **insists on** (adheres to / clings to / sticks to / persists in) their present lifestyle.

Ex. 기후 변화 현상의 악화로 우리는 신재생 에너지 체제로 **즉각 변환해야** 합니다.

[설명] 의미: 도입하다 / 신재생 에너지 체제를

[번역] We should **adopt** a renewable energy framework amid worsening climate change.

Ex. 저자는 딱딱하고 어려운 용어들을 재미있고 쉽게 바꾸었다.

[설명] A를 B로 바꾸다: 딱딱하고 어려운 용어를 재미있고 쉬운 단어로 바꾸다

[번역] The author translates rigid and technical terms into entertaining and plain words.

다른 지문 같은 방식 빈칸 채우기

Q1 어제의 우리가 오늘을 바꾸었듯, 오늘의 우리가 어떻게 하느냐에 따라 내일을 바꿀 수 있습니다.

A1 As what we did yesterday _____ today, what we do today can _____ tomorrow.

Q2 미국은 영국과 자유 무역 협정을 체결하려는 움직임을 보이고 있습니다.

A2 The U.S. is _____ to reach a free-trade agreement with the U.K.

설명

Q1 어제의 우리가 오늘을 바꾸었듯, 오늘의 우리가 어떻게 하느냐에 따라 내일을 바꿀 수 있습니다.

주어: 어제의 우리 / 동사: 바꾸었다 / 목적어: 오늘

주어: 오늘의 우리 / 동사: 바꿀 수 있다 / 목적어: 내일

답 determines / determine

Q2 미국은 영국과 자유 무역 협정을 체결하려는 움직임을 보이고 있습니다.

빅 픽처 미국과 영국이 ~을 체결**하려 한다**

답 likely

그 외) is seeking to / is willing to / is eager to / is keen to

02

여러 단어를
하나의 단어로
바꾸기

다음 세 문장의 공통점

1. **문헌 조사에 의해 밝혀진** 종은 3만 종에 불과하다.
Only 30,000 species are **identified by a documentary research**.
→ Only 30,000 species are **documented / researched**.

2. 나머지 7만 종은 **해외로 반출돼 상품화 되더**라도 우리 권리를 주장하기 힘들다.
If the remaining 70,000 species were **shipped and commercialized**
overseas, it would be difficult to claim our right to them.
→ If the remaining 70,000 species were **commercialized** overseas, it would
be difficult to claim our right to them.

3. 문헌 기록이 있어야 우리 식물을 **가지고 제품을 만든** 외국 기업 과의 특허 싸
움에서 이길 수 있다.
Documentary evidence will successfully empower Koreans involved to win
patent lawsuits against foreign companies who **make products from** Korean
plants.

→ Documentary evidence will successfully empower Koreans involved to win patent lawsuits against foreign companies who **commercialize** Korean plants.

공통점) 여러 개의 단어를 '한 개의 동사'로 번역

지문 1) 원문의 '문헌 조사에 의해 밝혀진'을 번역한 후 그 번역된 단어 중 의미에 맞는 한 개의 동사 찾기

Ex. 문헌 조사에 의해 밝혀진

[번역] identified by document(명사) research → are documented(동사)

지문 2) '해외로 반출돼 상품화 되다'는 의미 분석하여 한 개의 동사 찾기

→ '해외로 반출이 되어야 해외에서 상품화 됨'

→ '해외에서 상품화 되다'로 번역

Ex. 상품화되다

[번역] are commercialized

지문 3) '(우리 식물)을 가지고 제품을 만든'을 의미 분석하여 한 개의 동사 찾기

'우리 식물을 상품화시킨다'는 의미

Ex. (우리 식물)을 가지고 제품을 만든

[번역] commercialize

한국어 문장 끝은 영어의 동사입니다. 한영 번역을 할 때 영어 동사만 제대로 구사해도 그 다음은 동사의 용법에 맞게 문장 구성을 하면 되기 때문에 번역이 수월해집니다. '동사 찾기'는 보통 '~하고 있다' '~했다'라는 부분이 해당되지만, 때에 따라서는 **더 넓은 범위**가 **한 개의 동사에 해당**될 때가 많습니다.

한국어 문장 끝 부분 '~하고 있다' 동사 찾기

먼저 문장 끝이 '~를 하다' 혹은 '~가 되다'는 해당되는 동사가 do 혹은 become이기 때문에 의미가 부족하여 해당되는 의미를 추가해야 합니다.

해결 방안) 의미를 추가한 동사 찾기

지문에 질문하기

Ex. 고려대학교가 평생 교육을 하고 있다.

⟮설명⟯ '고려대학교가 ~하고 있다'는 맞지가 않습니다. 의미 추가가 필요합니다. '고려대학교'가 '평생 교육'을 어떻게 하고 있는 것일까요? 학교는 교육을 또는 수업을 **제공**하고 있습니다.

⟮번역⟯ Korea University offers a lifetime education.

Ex. 폭스바겐사는 해당 리콜 통지를 12월 20일 즈음 할 예정입니다.

⟮설명⟯ 폭스바겐사는 무엇을 할 예정일까요? '통지'를 할 예정입니다. 그러려면 회사는 (통지를) 보내야 할 것입니다.

⟮번역⟯ Volkswagen will begin sending recall notices around December 20.

Ex. 매년 7월에 열리는 행사가 코로나로 인해 그 시기가 변경되었다.

⟮설명⟯ 주어: 행사 / 동사: 그 시기가 변경되었다 → 일정이 재조정되다

⟮번역⟯ The event set to be held every July was rescheduled due to the pandemic.

Ex. 중국 경제, 내년이 더 문제다.

(설명) '더 문제다'의미: (경제가) 더 심각

(번역) The Chinese economy will worsen next year. / The crisis of the Chinese economy will deepen next year.

심각한 = serious?

Serious 이외에 다른 형용사 표현을 소개합니다.
acute / deepening / grave / problematic / severe / sobering / staggering
'심각한'이 형용사이기 때문에 다른 품사로 대체할 수 있다는 생각을 하기 어렵습니다. 이런 고정관념에서 벗어나면 더 많은 풍부한 표현이 있습니다.

1. 형용사 → 동사형 가능
심각한 사태 → 사태가 심각하다
The crisis deepens / intensifies / accelerates / escalates / is compounded / runs deep / is growing / is rising / is evolving / may bring about an irrevocable outcome 등

2. 형용사 → 명사형 가능
심각한 경제 → 경제 심각
The economic recession / meltdown / crisis / devastation / insecurity 등

Ex. 이 팀은 다수의 우승 전력을 가진 오랜 역사를 지닌 전통 구단입니다.

(설명) '(오랜 역사를) 지닌 / (훌륭한 연구진을) 보유한' 등은 have 동사 대신 boast를 씁니다.

(번역) The team has boasted a long history of winning many champion competitions.

Ex. 많은 국가에서 백신 접종 일정이 늦어지고 있다.

설명 '늦다'는 'be late'로 옮기면 될까요? '(약속된) 시간에 빨리 / 늦게'가 아니라 일정에 '뒤처지고 있다'는 의미를 살려야 합니다.

번역 Many countries lag behind their vaccination timetable.

'behind(뒤에)' 어디까지 가능할까?

그동안 습관적인 연장 노동 시간이 우리나라 노동 생산성을 **낮은 수준에 머물게 했습니다.**
Korea's labor productivity has **lagged behind** due to habitual extended work hours.

모든 문제가 **다 해결됐다.**
All the dramas are **behind me.**

그가 집세를 두 달 **못 냈다.**
He is two months **behind** his rent.

그런 변경은 왜 **발생했을까요?**
What is **behind** the change?

케이블 채널을 운영하던 두 회사가 어려움을 겪은 것이 이번 합병의 **배경이다.**
The reason **behind** this merger is that the two cable television-oriented companies are experiencing setbacks.

병원이 건강 식품을 수입하거나 판매할 수 있도록 관련법을 개정할 움직임이 있다. **그 명분은** 병원이 겪고 있는 경영난을 덜어 주자는 데 있다.
To ensure that hospitals can import or sell health food, relevant laws will likely be revised. The idea **behind** the move is to relieve their managerial burden.

코로나 사태로 대중교통 이용에 대한 우려가 커짐에 따라 우버 서비스에 대한 수요가 증가하고 있는 것으로 **풀이됩니다.**

Growing concerns over the use of mass transportation amid the pandemic crisis are found to be **behind** the rising demand for Uber service.

Ex. 비트 코인이 부상하면서 앞으로 정부 화폐가 아니라 민간이 발행한 화폐가 사용될 것이다.

[설명] 주어: 민간이 발행한 화폐 → 민간 화폐

동사: (정부 화폐가) 아니라 (민간 화폐)를 사용 → 대신 사용

목적어: 정부 화폐를

[번역] With the rise of Bitcoin, private currencies will replace (=will be used instead of) government currencies.

Ex. 다리의 난간 일부가 자물쇠 무게를 견디지 못하고 무너지면서 파리 시는 사랑의 자물쇠를 걸지 않을 것을 촉구하며 셀카를 찍어 웹사이트에 올려 달라고 요청했다.

[빅 픽처] 파리 시는 자물쇠를 걸지 말고 셀카를 올릴 것을 요청

[번역 순서] 파리 시 / 요청 / 올리다 / 셀카 / 사랑의 자물쇠 대신 / after 일부 of 다리 난간 / 무너지다 (견디지 못하고) / 자물쇠 무게에 의해

[번역] Paris has asked people to post selfies instead of love locks after bridge handrails were partially broken by their weight.

한영 번역 시 유용한 전치사구 with a / the 명사 of

(업무)를 **지원**하면서: with the **support** of (tasks)

(정보)를 **제공**하면서: with the **provision** of (information)

(정책)의 **부재**로: with the **absence** of (policies)

(수험생 안전)을 **최우선**으로: with the **priority** on (test-taker safety)

(비트코인)의 **부상**으로: with the **rise** of (Bitcoin)

(비트코인)이 **재부상**하면서: with the **resurgence** of (Bitcoin)

(비트코인)의 **붕괴**로: with the **collapse/demise** of (Bitcoin)

Ex. 백신 접종으로 얻는 이익이 접종 위험보다 더 크다.

[설명] '더 ~하다'는 'is 비교급 than'을 대신 'out + 동사'로 번역합니다.

[번역] The benefit of vaccination outweighs its risk.

비교급을 대신하는 'out + 동사'들

형제들이 매사에 **더 잘하려고** 경쟁한다.

outdo: The brothers tried to **outdo** each other in everything.

이 전문 직종에서는 **여성 대 남성 비율이** 2대1이다.

outnumber: In this profession, women **outnumber** men by two to one.

시장 발전이 기대치를 계속 **넘고 있다**.

outpace / outrun / outstrip: Market growth has continued to **outpace** expectations.

그 회사는 더 큰 경쟁사보다 실적을 꾸준히 **잘 내고 있다**.

outperform: The company has consistently **outperform**ed its larger rivals.

그녀는 경쟁자들보다 늘 **한 수 위다.**
outwit / outsmart: She always manages to **outwit** her opponents.

Ex. 얼어붙은 남북 관계에 새 동력을 불어넣어야 한다.

[설명] 보통 '동사'를 '불어넣어야 한다'까지만 생각하지만 '새 동력을 불어넣어야 한다'를 동사로 할 수 있습니다.

주어: We(추가) / 동사: 새 동력을 불어넣어야 한다(fuel new vitality in → vitalize) / 목적어: 얼어붙은 남북 관계

[번역] We should vitalize sour inter-Korean relations.

Ex. 경기 침체가 국민의 일상에 혼란을 야기하고 있다.

[설명] 주어: 경기 침체 / 동사: 혼란을 야기했다(cause a chaos) → (한 단어로) destabilize / 목적어: 국민의 일상

[번역] The economic recession is destabilizing daily life.

Ex. 코로나 확산이 극심하다.

[설명] 주어: 코로나

동사: 확산이 극심하다 → (한 단어로) persist / prevail

[번역] The COVID-19 is prevailing.

Ex. 기후 변화로 인한 이상 기온은 더 이상 새로운 이야깃거리가 되지 못

한다.

[설명] 새로울 것이 없다 → (여전히) 극심하다: persist

[번역] Climate change-induced extreme temperature persists / is nothing new.

Ex. 고용 시장이 회복에 탄력을 받고 있다.

[설명] 주어: 고용 시장 / 동사: 탄력을 받고 있다 / 군살: 회복('고용 시장이 탄력을 받고 있다'가 이미 '회복'을 의미한다)

[번역] The hiring market has been accelerating.

Ex. 전라남도나 제주도를 중심으로 풍력 단지 개발이 본격적으로 이루어지고 있다.

[설명] '개발'이 본격적으로 이루어지다 → 본격화되다(is accelerating / is actively underway)

[번역] The development of the wind power complex is accelerating particularly in South Jeolla-do Province and Jeju-do Island.

다른 지문 같은 방식 빈칸 채우기

Q1 확진자가 늘고 있다.

A1 Many cases have been _____.

'many(많은)' 어디까지 가능할까?

확진자가 **늘고 있다**.
Many cases have been confirmed.

선거 용지가 **무더기**로 발견되었다.
Many ballots were found.

교수들이 **대거** 집회에 참석했다.
Many professors attended the rally.

주요 항공사들이 **대규모** 결항에 들어갔습니다.
Major airlines cancel **many** flights.

행사가 **연달아** 열렸다.
Many events took place.

코로나19 발생 직전까지만 해도 활발히 전개되던 **각종** 친환경 규제와 탈(脫)플라스틱 운동은 전염병 확산과 함께 수그러들었다.
Many eco-friendly regulations and plastic-free campaigns actively conducted shortly before the outbreak of the COVID-19 have subsided.

Q2 우리의 대중 음악이 세계 시장에서도 통합니다.

A2 Korean popular music has _____ the world market.

Q3 그런데 어느새, 기후 위기가 우리 일상에 아주 가까이 와 있었습니다.

A3 However, we are _____ the climate crisis now.

Q4 플라스틱 사용을 조금씩 줄여 가야 한다.

A4 We need to _____ plastics ____.

Q5 유가가 조금씩 인상되고 있다.

A5 Oil prices have _____ up.

Q6 팬데믹으로 한국에서는 물론 전 세계 모든 학생들이 학교를 갈 수 없었다.

A6 The pandemic _____ students in the world as well as in Korea from going to school.

설명

Q1 확진자가 늘고 있다.

동사: 확진되었다

답 confirmed

그 외) reported / identified / detected

Q2 우리의 대중 음악이 세계 시장에서도 통합니다.

동사) 통한다? → 중심축인 '세계 시장'에서? 인정받는다.

답 engage / appeal to

cf.) engage in 참여하다

Ex. Anyone can engage in voluntary work.

번역 누구든 봉사 활동에 참여할 수 있다.

Q3 그런데 어느새, 기후 위기가 우리 일상에 아주 가까이 와 있었습니다.

아주 가까이 와 있습니다 → come close to us라고 옮기면 전혀 다른 뜻입니다.

Ex. I was so mad that I came close to hitting him.

번역 너무 화가 나서 한 대 칠 뻔했어.

동사: 아주 가까이 와 있다 → 직면하다

답 **facing**

Q4 플라스틱 사용을 조금씩 줄여가야 한다.

동사: 조금씩 줄여 가다 phase out(점차적 **제거** 의미)

cf.) phase in: 단계적으로 **도입**되다 / 시행되다

Ex. 이번 노동 시간 단축은 300인 이상 기업부터 단계적으로 도입된다.

번역 Shorter working hours will be phased in, starting with businesses employing over 300 people.

답 phase out

Q5 유가가 조금씩 인상되고 있다.

답 edged up

Q6 못하게 하다

답 prevent ~ from 동사 + ing

빈칸을 채워 보세요

Q8 페이스북은 미 대선에 영향을 줄 수 있는 주장에 대해 거짓 여부를 판단하여 삭제하기로 했다.

A8 Facebook will _____ the claims that can affect the election to remove them.

Q9 정치적 메시지는 사람들의 자발적인 참여로 전파되어야지 돈으로 매수되어서는 안 된다.

A9 Political messages should be promulgated by voluntary participation, not by ____ the general public.

Q10 강원도에 홍수 피해가 극심하다.

A10 Gangwon-do Province is _____ massive flood damage.

Q11 미 백화점 체인점인 JC페니가 부도 위기를 모면했다.

A11 J.C. Penny, an American department store chain, _____ bankruptcy.

Q12 미국은 코로나 사태로부터 나아지고 있다.

A12 The U.S. has _____ from the COVID-19 crisis. / The U.S. has _____ the COVID-19 crisis.

Q13 중국산 백신 효과에 대한 의문이 계속 제기되고 있다.

A 13 The suspicion of Chinese vaccines' actual efficacy has _____.

설명

Q 8 페이스북은 미 대선에 영향을 줄 수 있는 주장에 대해 거짓 여부를 판단하여 삭제하기로 했다.

- 거짓 여부를 판단 (주장에 대해) → '주장'과 같이 쓰일 동사: 검토하다

답 review

Q 9 정치적 메시지는 사람들의 자발적인 참여로 전파되어야지 돈으로 매수되어서는 안 된다.

- 매수하다

답 bribing

Q 10 강원도에 홍수 피해가 극심하다.

- 홍수 피해가 극심 → 극심한 홍수 피해

- 강원도가 / 극심한 홍수 피해를

- 주어와 목적어 사이에 필요한 동사를 찾아야 합니다.

답 suffering

Q 11 미 백화점 체인점인 JC페니가 부도위거를 모면했다.

- JC페니가 / 모면했다 / 부도를

답 avoided

Q12 미국이 코로나 사태에서 나아지고 있다.

- 미국 / 나아지다 / 코로나 사태

- 사태에서 나아지다 → '코로나 사태'를 벗어나다

답 recovered / exited

Q13 중국산 백신 효과에 대한 의문이 계속 제기되고 있다.

- (의문이) '계속 제기하다' → '계속 있다'에 해당하는 동사는 무엇일까요?

답 persisted 혹은 '증폭되다'라는 의미의 intensified / escalated

빈칸을 채워 보세요

Q14 값이 지불되어야 해당 파일을 열 수 있어서 해커들의 주된 목적은 금전 탈취로 보고 있습니다.

A14 Once the ransom is paid, affected files are _____, indicating that the hackers are money-seekers.

Q15 GPS 추적기가 매시간 그의 위치를 알리기 위해 관리원들에게 메시지를 전송하게 될 것 입니다.

A15 The GPS device will _____ wildlife rangers every hour to ____ its location.

Q16 이제는 중국으로 배턴이 넘어가는 모습입니다. 후발 주자로 여겼던 중국은 규제 혁신을 통해 세계 신산업 시장에서 빠르게 도약하고 있습니다.

A 16 Today, China is _____ this industry. The country, a latecomer, has instituted innovative regulations, expanding its dominance in the new industrial market.

영문 발음 표기

Manhattan을 어떻게 발음해야 할까요? 과거에는 우리말 발음대로 '만하탄'이라고 적었지만 이제는 영어 발음대로 맨해튼이라고 적습니다. 국립국어원 표준국어대사전에 정확한 표기법이 나옵니다. 그중 몇 개를 소개합니다.

baton → 배턴
workshop → 워크숍
leadership → 리더십
rocket → 로켓
robot → 로봇

Q 17 한류의 효자 노릇을 톡톡히 했던 트렌디 드라마가 역으로 한류의 발목을 잡고 있다.

A 17 The trendy dramas that were once _____ to the popularity of the Korean wave now have a negative impact on it.

설명

Q 14 몸값이 지불되어야 해당 파일을 열 수 있어서 해커들의 주된 목적은 금전 탈취로 보고 있습니다.

– 글자대로 open도 맞지만 전문 번역은 문맥에 필요한 표현이 필요합니

다. 해커들이 파일을 쓸 수 없도록 lock하고 encrypt하기 때문에 반대는 unlock이나 decrypt입니다.

답 unlocked

Q 15 GPS 추적기가 매시간 그의 위치를 **알리기** 위해 관리원들에게 메시지를 전송하게 될 것입니다.

– '알리고'는 inform이 생각나지만 inform은 '관련 정보를 알려 주는 것'입니다. 자신의 위치나 백신 접종을 했는지의 여부는 '알려야만 하는 것'입니다. 그 동사는 report입니다. 그리고 이메일 알림 등 메시지로 알려주는 것은 alert입니다.

답 alert / report

– 다음 빈칸에 들어갈 단어는? Inform or report?

Employees should _____ their health problems to their manager.

답 report

cf.) alarm: a loud noise or a device that warns people of danger or a problem

Ex. 경고 장치를 설치하고 사용 방법을 익히세요.

번역 Install an alarm system and learn how to use it.

Ex. 시계 알람을 7시에 맞췄다.

번역 I set my alarm **for** 7. (at 7은 7시에 알람을 설정했다는 의미.)

Q 16 이제는 중국으로 배턴이 넘어가는 모습입니다. 후발주자로만 여겼던 중국은 규제 혁신을 통해 세계 신산업 시장에서 빠르게 도약하고 있습니다.

- '배턴이 넘어가다'는 pass the baton이겠죠. 이렇게 써도 이해는 할 것 같습니다. 하지만 달리기 시합이 아니니 의미를 찾아야 합니다.

이제는 중국이 '주도하고 있다'의 leading입니다.

답 leading

cf.) take an initiative (주도하다) vs. show an initiative (의욕을 보이다)

Ex. 중국이 이 산업을 주도한다.

번역 China takes an initiative in this industry.

Ex. 그가 그 일을 처리하겠다는 의욕을 보였다.

번역 He is showing an initiative in handling tasks.

Q 17 한류의 효자 노릇을 톡톡히 했던 트렌디 드라마가 역으로 한류의 발목을 잡고 있다.

- '효자 노릇'은 사람이 하는 것 아닌가요? 그러니 의미를 찾아야 하겠습니다 → 많은 기여를 하다 be dedicated to

답 dedicated

cf.) **효자** 주식 톱 10 → Ten **promising** stocks (번역기는 top10 filial stocks라고 옮깁니다)

막장 드라마와 번역의 공통점

막장 드라마를 보면 처음에는 잘 모릅니다. 하지만 그런 드라마를 몇 번 보고 나면 무늬만 다를 뿐 같은 내용이라는 것을 점차 알게 됩니다. 음모, 불륜, 탐욕, 질

투, 가스라이팅, 위기, 갈등 등이 공통 요소입니다.

우리는 그런 줄 알면서도 매번 새로운 드라마라며 시청합니다. 왜일까요? 같은 내용이지만 새로운 옷을 입혔기 때문입니다. 같은 듯하지만 색다르게 보이기 때문입니다. 하지만 자꾸 보다 보면 무늬만 다를 뿐 결국 그 이야기가 그 이야기라는 것을 알게 됩니다.

번역도 그와 같습니다. 처음에는 번역해야 하는 지문이 다 다르다고 생각합니다. 하지만 표현이 다를 뿐이지 같은 의미인 경우가 많습니다. 구조도 그렇습니다. 다른 듯 보이지만 자꾸 보면 같은 번역 방식이라는 것을 알게 됩니다. 점점 같은 유형의 번역을 보는 시야가 넓어집니다. 그래서 매번 새로운 지문 같지만 결국은 같은 번역 방식이라는 것을 알게 됩니다.

학기 초에 한영 번역을 '쉽게 하는 법'을 강의하겠다고 하면 학생들이 하나같이 미소 짓습니다. 쉽지 않을 것이라는 의미입니다. 그러면 제가 묻습니다. 수영 잘하는 것을 보면 바로 수영할 수 있냐구요. '쉽게 하는 법'은 보면 바로 쉽게 되는 것이 아니라 이렇게 공부하고 암기하면 글자만 다를 뿐 같은 방식이라는 것이 터득되고 그러면 '쉬워진다'고요.

Ex. 전 세계적으로 배기 가스 감축을 위한 노력과 개발 격차를 줄이기 위한 조치가 필요하다.

[설명] 이 문장에서 글자는 다르지만 같은 의미의 말은 무엇일까요? 맞습니다 '감축'과 '줄이는' 그리고 '노력'과 '조치'는 같은 말입니다. 처음에는 다른 듯 보이지만 자꾸 보면 같은 말입니다. 그러면서 정리가 되고 쉬워집니다

[번역] **Actions**(or **Efforts**) to **lower** emissions and the development gap are critical.

Ex. 한국은 배기 가스 배출 절감과 에너지 소비 감축 목표를 고수하고 있다.

[설명] 이 문장 역시 '절감'과 '감축'은 같은 의미입니다.

[번역] Korea has remained committed to the goals of **mitigating** exhaust gas emissions and energy consumption.

Ex. 의학적 이유나 종교적 신념을 이유로 백신 접종을 거부하는 것은 백신 접종 의무화에서 예외로 허용된다.

[설명] 이 문장에서 '백신 접종 거부가 예외로 허용되는 경우'는 무엇일까요? '의학적 종교적'입니다. 그러니 '이유와 신념'은 같은 의미가 됩니다.

[번역] Those who refuse to get vaccinated for medical or religious **issues** are exempted from a vaccination mandate.

Ex. 미세 먼지 문제를 해결하기 위해서는 체계적인 대응과 사회적 처방이 필요합니다.

[설명] 이 문장에서 다른 듯 보이지만 같은 의미의 단어는 무엇일까요? '대응'과 '처방'입니다. 즉, '체계적이고 사회적인 대응이 필요하다'입니다.

[번역] To deal with fine dust, coherent social **response** is critical.

Ex. 정부는 경기 회복과 일자리 창출에 역량을 집중하면서 정책의 실효성을 높이는 데 주력하고 있습니다.

[직역] The government focuses on the efficiency of policy while concentrating on recovery of the economy and job creation.

[설명] '집중'과 '주력'은 무늬만 다를 뿐 같은 의미

[번역] The government **is striving to** recover the economy and create jobs to enhance policy effectiveness

Ex. 우리 대학은 '평생 교육에 선도적인 역할을 할 것을 자임하고, 고등 교육의 보편화에 기여하며, 고등 교육의 개혁에도 일조한다'는 사명감에서 설립되었습니다.

[설명] '자임' '기여' '일조'는 무늬만 다를 뿐 '기여하다'의 의미입니다.

[번역] Our university **has largely contributed to** a lifetime education, and both universal access to and reform in higher education.

Ex. 이번 행사로 사업 기회를 모색하며 투자를 확보하고 새로운 시장에 접근하시기 바랍니다.

[설명] 지문의 동사인 '모색하다' '확보하다' '접근하다'는 무늬만 다를 뿐 '같은 의미 (explore / seek)'입니다.

[번역] I hope that this event will enable you to **explore** business, investment and untapped markets.

Ex. 페이스북은 더 안전한 쪽으로 알고리즘을 바꿀 경우 사람들이 사이트 방문 횟수를 줄이고, 광고 클릭률도 낮아져 결국 수익이 낮아질 거란 걸 알고 있었다.

[설명] '줄이고'와 '낮아져'는 무늬만 다를 뿐 같은 의미입니다.

[번역] Facebook knew that shifts in its algorithms in a safer direction would lower its profits, resulting in **fewer** visits to its site and clicks for promotional signs.

Ex. 만일 어떤 사람이 허락을 받지 않고 타인의 저작물을 사용한다면 저작권자는 그를 상대로 민사상의 손해 배상을 청구할 수 있고, 그 침해자에 대하여 형사상 처벌을 요구할 수도 있다.

[설명] '청구할 수 있고'와 '요구할 수 도 있다'는 무늬만 다를 뿐 같은 의미입니다.

[번역] The unlawful use of copyrighted works empowers right holders to **file** a civil or criminal suit against infringers

Ex. 학벌과 스펙을 초월해서, 여성이냐 남성이냐를 떠나서 새로운 채용 문화를 만드는 것이 과제입니다.

[설명] '스펙'은 '학벌'이 포함됩니다.

[설명] '초월해서'와 '떠나서'는 무늬만 다를 뿐 같은 의미입니다.

[번역] It is imperative to create a new employment **regardless** credentials or gender.

03 짝꿍 표현 쓰기

영어는 명사와 함께 쓰이는 짝꿍 동사, 짝꿍 형용사가 있습니다. 이런 짝꿍 표현 대신 한국어 지문을 따라가는 표현을 쓰면 Happy Christmas, Merry New Year처럼 어색한 조합이 됩니다. 전 세계에서 영어를 가르치는 원어민 교사들이 비영어권 학생들이 가장 많이 틀리는 부분으로 꼽고 있습니다. 평소 어떤 단어끼리 같이 쓰였는지 영문 관찰을 하고, 그 외 사전 검색을 적극 활용하며, *English Collocations in Use* 같은 관련 서적으로 열심히 공부해야 합니다.

지문에 질문하기

Ex. 언어 치료도 의료 보험이 적용된다.

[설명] 적용하다 apply + 의료 보험(×)

[설명] '보험'의 동사는 정해져 있습니다. 한국어와 관계없이 cover입니다.

【번역】 Medical insurance **covers** language therapy.

Ex. 한국 국민들이 선택한 것은 연대와 협력의 길이었습니다.

【설명】 선택하다 + 연대: × → 목적어인 '연대와 협력'에 맞는 동사를 써야 합니다.

【번역】 Koreans **built** solidarity and cooperation.

Ex. 승진하려면 전략을 세워야 한다.

【설명】 세우다 + 전략: × → '전략'의 짝꿍 동사: develop / set up / formulate

【번역】 **Developing** a strategy is critical to gaining promotion.

Ex. 국가는 어린이 들의 꿈을 키워 줄 것입니다.

【설명】 키워 주다 + 꿈: × → 꿈의 짝꿍 동사는 무엇일까요?

【번역】 The government vows to **support** children's dream.

Ex. 오늘 이 자리에 모이신 여러분의 열정이 전달되는 것 같습니다.

【설명】 전달하다 + 열정: × → 중심어인 '열정'과 같이 쓰일 동사는 무엇일까요?

【번역】 I **feel** your vitality today in this hall where you are assembled.

Ex. 우리 기업들도 높아진 노동 생산성 속에서 창의와 혁신을 바탕으로 더 높은 경쟁력을 발휘할 수 있을 것입니다.

【설명】 '경쟁력'의 짝꿍 동사는 무엇일까요?

【번역】 Korean companies will **unleash** intense competitiveness.

Ex. 기후 변화 대응은 국제 협력의 중요성을 환기시키고 있습니다.

[설명] 환기시키다+중요성: × → 중심축인 '중요성'의 짝꿍 동사 찾기

[번역] Combating climate change **emphasizes** the importance of global cooperation

---

'emphasize(강조하다)' 어디까지 가능할까?

포용적 미래를 향한 인류의 발걸음은 코로나로 인해 지체되었지만, 코로나는 역설적으로 그 목표의 중요성을 **더욱 절실하게 일깨워 주었습니다.**
Although human steps toward the inclusive society have stalled, the pandemic paradoxically **emphasizes** the importance of the goal.

서울의 자연미를 **돋보이게 하기** 위해 하천을 재개장했다.
In efforts to **emphasize** more of Seoul's natural beauty, the stream has been reopened.

3개국은 평화 정착 과정에서 자국들의 영향력이 필요함을 **역설했다.**
The three countries emphasized the necessity of their influence in the peace process.

중국 정부는 중국이 가짜 '하나의 중국' 정책이 아닌, 진짜 하나의 중국 정책을 시행해야 한다고 **밝혔습니다.**
The Chinese government **emphasize**d that the U.S. should adopt a genuine one-China policy instead of a nominal one.

그 호텔은 편안히 쉬는 것에 **공들인 흔적이 역력하다.**
The hotel **emphasizes** a comfortable atmosphere.

다른 지문 같은 방식 빈칸 채우기

Q1 유사한 사례도 여러 건이다.

A1 Similar cases are often _____.

Q2 이번 인사가 결정되면 내각의 여성 비중을 높이겠다는 대통령의 공약을 단적으로 보여 주는 인사가 될 것입니다.

A2 The president's pledge to increase the ratio of female positions in his cabinet will be _____ once this appointment is made.

Q3 코로나가 인류에게 일깨운 교훈 중 하나는 이웃이 건강해야 나도 건강할 수 있다는 것입니다.

A3 One of the lessons _____ from the pandemic is that none of us are safe until all of us are safe.

설명

Q1 유사한 사례도 여러 건이다.

– '사례'의 짝꿍 동사? 사례가 발견된다 / 보도된다 / 보고된다

답 found or reported

Q2 이번 인사가 결정되면 내각의 여성 비중을 높이겠다는 대통령의 공약을 단적으로 보여 주는 인사가 될 것입니다.

– '공약'의 짝꿍 동사? 공약을 지키다

답 fulfilled or kept

Q3 코로나가 인류에게 일깨운 교훈 중 하나는 이웃이 건강해야 나도 건강할 수 있다는 것입니다.

– '교훈'의 짝꿍 동사? 교훈을 얻다 / 배우다

탑 learned or earned

통번역사의 미래

제가 통번역대학원에 재학하던 시절에는 현재 KTX에 해당하는 프랑스식 자기 부상 열차에 관한 내용이 통번역 대학원과 통번역 시장의 화두였습니다. 하지만 이 분야는 이제 옛날 이야기가 되었습니다.

시간이 흘러 가면서 계속 새로운 분야가 등장합니다. 통번역 공부를 하는 사람은 5G 시대의 foundry, fabless 같은 용어나 코로나19로 인한 travel bubble 같은 용어 등 다양한 분야를 공부해야 합니다. 모든 분야를 전공한 것처럼 새롭게 계속 공부해야 합니다.

대단한 사람들입니다. 그런 의미에서 저는 학생들에게 늘 '대단한 녀석들, 안녕하세요'라는 인사로 수업을 시작하곤 합니다. 이렇듯 계속 새로운 주제가 나오기 때문에 전문 통번역사의 미래는 밝습니다.

인공 지능 시대로 전문 통번역사의 자리가 없어질 것처럼 말하지만 인풋이 없는 인공 지능 통번역기는 있을 수 없습니다. 그리고 그 인풋은 전문 통번역사만이 할 수 있습니다.

명사를 동사로 번역하기

통역은 말을 통한 소통이고 번역은 글을 통한 소통입니다. 소리는 지나가지만 번역은 눈앞에 있습니다. 그래서 더욱 정확하게 합니다. 증거가 오래오래 남으니까요.

번역을 하다 보면 틀린 것은 아닌데 한 문장 안에 that절이 여러 개 있다든가 하면 시각적으로 '보기가 좋지' 않은 번역이 됩니다. 그러면 고민해야 합니다. 어떻게 해야 '보기 좋은' 영어 문장이 될까요?

이럴 때 유용한 방법이 한국어 문장의 '명사'를 영어 '동사'로 번역하는 것입니다. 제가 처음 이 스킬을 발견했을 때 '심봤다!' 하며 속으로 외쳤습니다.

지문에 질문하기

Ex. 포드 사는 관리자의 승인이 필요한 유연 근무 제도를 운영할 것이라고 밝혔습니다.

[빅 픽처] 포드 사가 운영할 것이다

[번역 순서] 포드 사 / 밝히다 / 운영할 것 / 유연 근무제 / 필요 / 승인 / 관리자

[직역] Ford announced **that** it would adopt flexible hours **that** would require managers' approval.

– 직역에는 2개의 that절이 있습니다. 이 중 뒤의 that절을 수정하는 방법은 명사인 approval을 동사로 번역하는 것입니다

flexible hours that would require managers' approval → 명사 + 과거분사 by 주체자 → flexible hours approved by managers

[번역] Ford announced that it would adopt flexible hours **approved by managers**.

cf.) 정부의 승인이 필요한 보조금: subsidies authorized by the government

'명사 / 과거분사 / by 주체자' 번역 유형의 예

정부와 한국은행**이 내놓은** 성장률 전망치가 기대 밖이다.
The projected growth rate **released by** the government and the central bank fell short of expectation.

정부의 재정 지원이 연장되지 않을 것이다.
Financial supported **provided by** the government will not be extended.

연구원들**이 발표한** 경제 전망 보고서에서 디플레이션 우려가 지속할 것으로 내다봤다.
A report **published by** researchers forecast growing concerns over deflation.

Ex. 어제부터 노동 시간 **단축**이 시작되었습니다.

[설명] 주어: 노동 시간 / 동사: 단축이 시작되었다 → **단축되었다**

[번역1] Working hours have begun to reduce since yesterday.

[번역2] Working hours have **reduced** since yesterday.

'begin(시작하다)' 어디까지 가능할까?

개학이 2주 앞으로 다가왔습니다.
Two weeks are left before schools **begin**.

행사는 다음주 월요일에 **진행**될 예정입니다.
The event will **begin** next Monday.

대피 훈련을 **실시하**겠습니다.
An evacuation drill will **begin**.

한미 양국이 무역에 관한 협상에 **나섰습니다** / (협상에) **들어갔습니다.**
The U.S and South Korea have **begun** negotiations on trade.

양국 간 논란은 지난해 말 중국이 '파오 차이'에 대한 국제 표준을 취득하면서 **불거졌다.**
The controversy between the two countries has **begun**(=unfolded/erupted) as China gained International Organization for Standardization(ISO) acceptance for Pao cai.

Ex. 새 정부에서는 부정부패의 뿌리만은 반드시 끊어내겠다는 확고한 신념으로 국민 신뢰를 회복해야 하겠습니다.

새정부 / 동사: 확고한 신념으로 → 결심하다 / 반드시 끊어 내겠다 / 부정부패 to 회복 국민 신뢰

번역 The new government should be **determine**d in uprooting corruption to restore public trust.

Ex. 특히 현재 초중고 학생들을 둔 학부모들은 아날로그 세대인 교사와 디지털 세대인 학생들이 함께 발걸음을 맞춰갈 수 있도록 조정자의 역할을 할 수 있을 것으로 기대된다.

번역 순서 주어: 학부모들 / 동사: 조정자의 역할을 하다 → 조정하다 / 교사와 학생 사이 / 함께 발걸음을 맞춰가도록

번역 Particularly, parents of elementary, middle, and high school students are expected to **mediate** between teachers from the analogue generation and students from the digital generation to harmonize with one another.

Ex. 항공사들이 감원 계획을 공식 발표했습니다. 9월 30일 끝나는 정부의 재정 지원이 연장되지 않으면 10월 1일 대규모 감원을 진행한다고 합니다.

설명 '감원 계획' '대규모 감원' 등 한 지문에서 주제어는 여러 번 나옵니다.

설명 그럴 때 명사를 영어 '동사'로 대신합니다. **대규모 감원 → 감원시키다**

번역 Recently, American Airlines announced its plan for layoffs. Unless the financial support provided by U.S. federal government that will expire by September 30 is extended, the company will **significantly downsize** its workforce on the 1st of October.

Ex. 세계화 폐해를 진정으로 해결하려면 서비스 부문 노동자들이 급여 건강 보험, 연금, 단체 교섭권 등에 대한 목소리를 낼 수 있도록 해야 한다.

[설명] '그들의 목소리를 낼 수 있도록' → 동사: voice

[번역] To resolve the damages of globalization, workers in the service sector should **voice** their demand for wages, health insurance, pensions, and collective bargaining rights.

다른 지문 같은 방식 빈칸 채우기

Q1 마스크를 미 착용자는 10만 원의 벌금이 부과됩니다.

A1 Those who don't wear masks are _____ $30.

Q2 애플이 아이폰6의 출시를 시작했다.

A2 Apple _____ iPhone 6.

Q3 그 회사가 고객 편의를 중시한다는 의미이기도 하다.

A3 The company _____ customers' convenience.

Q4 협업과 소통을 통해 정책의 실행과 점검을 강화해 나가겠습니다.

A4 The government vows to enhance cooperation and communication to _____ and _____ policies actively.

Q5 추석 민생 안정 대책을 추진하겠습니다.

A5 The government promises to enforce measures to _____ the livelihood of the general public.

Q6 한반도 비핵화는 반드시 이루어져야 합니다.
A6 We should _____ the Korean peninsula.

Q7 자세한 설명 부탁드립니다.
A7 Please _____ your explanation.

설명

Q1 마스크를 미 착용자는 10만 원의 벌금이 부과됩니다.
[설명] '벌금이 부과되다' → 동사로
[답] fined

Q2 애플이 아이폰6 출시를 시작했다.
[설명] 출시를 시작했다(begin the release of)를 동사로
[답] has released

Q3 그 회사가 고객 편의를 중시한다는 의미이기도 하다.
[설명] '중시한다는 의미이기도 하다' → 동사로
[답] prioritizes

Q4 협업과 소통을 통해 정책의 실행과 점검을 강화해 나가겠습니다.

- 동사: '실행과 점검' → 실행하고 점검하다 / 목적어: 정책을

- **강화해 나가겠습니다** → 부사 actively

- 한국어 문장의 끝부분 동사는 영어의 부사로 번역

Ex. 북한은 핵실험을 **강행했다**

🔲 The North conducted a nuclear test **adamantly.**

🔲 implement / scrutinize

Q5 추석 민생 안정 대책을 추진하겠습니다.

🔲 민생 안정 → 안정(동사) → 민생을 안정시키다

🔲 stabilize

Q6 한반도 비핵화는 반드시 이루어져야 합니다.

🔲 achieve the denuclearization of → 동사로

🔲 denuclearize

Q7 자세한 설명 부탁드립니다.

🔲 자세한 설명 → 동사로

🔲 detail

명사로만 알고 있는 단어들이 동사도 있습니다.

----

detail
명사) 그 계획안의 세부 사항이 준비 중이다.

The details of the plan are being worked out.
동사) 상세히 질문해 주십시오.
Detail your question.

Voice
명사) 젊은 예술가들은 자신의 목소리(색깔)를 내야한다 말을 늘 듣는다.
Young artists are always told to find their voice.
동사) 기후 변화를 우려하는 사람이 많다.
Many people voice concern over climate change.

staff
명사) 우리는 매주 직원 회의를 한다.
We have a weekly staff meeting.
동사) 이 사업은 10명의 직원으로 이루어진다.
This project is staffed with ten employees.

task
명사) 의장의 주요 업무는 회의를 잘 진행하는 것이다.
The primary task of the chair is to ensure that the meeting runs smoothly.
동사) 위원회는 미세 먼지 해결을 책임지고 있다.
The committee is tasked with combating fine dust.

evidence
명사) 지구 온난화 현상의 증거가 많다.
There is ample evidence that the world is getting hotter.
동사) 새 책의 인기가 증명하듯 그녀는 강의를 잘하는 것으로 평판이 나있다.
She has become known for power of her lecture as evidenced by the popularity of her new book.

budget
명사) 예산에 맞는 사는 법 3가지
Three ways to stay within your budget
동사) 예산만 잘 짜면 그 여행을 갈 수 있다.

If we budget carefully, we can afford the trip.

email
명사) 각 방은 이메일 사용이 가능하다.
Each of rooms has email access.
동사) 관계자들에게 이메일을 보냈다.
He emailed officials.

label
명사) 트위터가 오보에 붙이는 경고 디자인을 변경했다.
Twitter redesigned warning labels on misinformation.
동사) 트위터가 오보에 새 디자인을 붙였다.
Twitter has labelled misinformation with new designs.

reason
명사) 그런 결정을 한 배경은 알려지지 않았다.
The reason behind the decision is unknown.
동사) 그가 그 시스템을 아는 유일한 사람이기 때문에 해고할 수 없을 것이다.
I reason that he will not be dismissed because he is the only one who knows
how the system works.

fund
명사) 선거 자금을 마련하기가 어렵다.
It is a challenge to raise campaign funds for the election.
동사) 이 박물관은 사적 자금으로 운영되고 있다.
The museum is privately funded.

function
명사) 이 부서에서 무슨 일을 하시고 계십니까?
What is your function in the department?
동사) 기구들이 다 제 기능을 하고 있다.
All the instruments are functioning normally.

advantage

우리의 목표는 자녀에게 '아빠 찬스 엄마 찬스'를 쓰게 하는 것이다.

명사) Our goal is to give our children advantages.

동사) Our goal is to advantage our children.

다른 지문 같은 방식 빈칸 채우기

Q1 정부와 한나라당이 지난달 날치기로 처리한 한미 FTA 비준동의안은 그동안 비판을 받아 왔다.

A1 The bill to ratify the FTA which both the government and the ruling party rushed through the National Assembly last month has been _____ .

'the'를 쓸 것인가 말 것인가?

FTA, WHO처럼 철자로 읽는 것은 'the'와 함께 그리고 '나사'와 같이 단어로 읽는 것은 'the'를 쓰지 않습니다.

한미 비준동의안
the bill to ratify **the FTA**

세계보건기구가 신종 바이러스를 코로나19로 명명했다.
The WHO announced COVID-19 as the name of the new virus.

나사는 화성의 암석 표본들을 회수하기 위해 더 많은 우주선을 발사할 예정이다.
NASA is planning to launch more spacecraft to retrieve rock samples of Mars.

Q2 미국이 중국 여객기의 미국행 비행 금지를 실시했다.

A2 The U.S. has _____ the arrival of Chinese aircraft.

Q3 실생활의 변화로 의약 외품의 개념이 재정립되어야 한다.

A3 Quasi drugs should be _____ by shifts in daily life.

Q4 선거 관리 위원회는 투표 용지 오류를 발견 즉시 수정 작업을 진행하였고 다시 발송할 예정이라고 합니다.

A4 The election board announced that they had immediately _____ ballots and would re-mail corrected ones.

설명

Q1 정부와 한나라당이 지난달 날치기로 처리한 한미 FTA 비준 동의안은 그동안 비판을 받아 왔다.

(설명) 비판을 받아 왔다 → 동사로

(답) criticized

'criticize(비난하다)' 어디까지 가능할까?

10대 소녀 환경 운동가가 각국의 노력이 부족하다며 **일침을 가했다.**
A teenage girl environmental activist **criticized** world leaders for their inaction.

미 국무부 장관은 최근 대만 해협 정세에서 긴장이 고조되고 있는 것을 중국 **탓**

으로 돌렸다.

The Secretary of State **criticized** China for escalating tensions in the Taiwan Strait.

지역 경제를 먹여 살리던 관광 사업이 주민들에게 주는 불편 때문에 **비판의 대상이 되고 있다.**

Tourism that supports the local economy is being **criticized** for inconveniencing locals.

페이스북은 인스타그램이 십 대 청소년에게 정신적으로 유해하다는 결과를 확인하고도 개발을 강행한 것으로 드러나 **논란을 겪은 바 있다.**

Facebook has been **criticized** for pushing its development although it was aware that the use of Instagram led teenagers to experiencing mental health issues.

전문가들은 주요 산유국들이 석유값 급등에도 석유 증산을 하지 않는 것은 **옳지 않다고 밝혔다.**

Experts **criticized** oil producers for not expanding oil production despite skyrocketing oil prices.

납세자들에게 부과되는 세금이 달라 정부가 형평성 부족이라는 **지적이 있다.**

The government is **criticized** for unfairness as disproportionate taxes are imposed to tax payers.

cf.) point out지적하다(×) 언급하다(○)
뜻: mention something in order to give somebody information about it

그녀는 자금은 충분하다고 **말했**다.

She **points out** that our funds are unlimited.

Q2 미국이 중국 여객기의 미국행 비행 금지를 실시했다.

⟮설명⟯ 금지를 실시했다 enforces the ban on the flight of → 명사 ban을 동사로

⟮답⟯ banned

Q3 실생활의 변화로 의약 외품의 개념이 재정립되어야 한다.

- 개념이 재정립되어야 establish the definition of → 명사 definition을 동사로

⟮답⟯ redefined

Q4 선거 관리 위원회는 투표 용지 오류를 발견 즉시 수정 작업을 진행하였고 다시 발송할 예정이라고 합니다.

⟮설명⟯ '수정작업을 진행하다' → 명사 correction을 동사로

⟮답⟯ corrected

어땠을까

가수 싸이 씨의 노래 제목이기도 합니다. 제가 이 말을 가장 많이 쓸 때는 통번역을 할 때입니다. 한국어 지문을 영어로 옮긴 후 제 번역을 보면서 번역이 아니라 처음부터 영어로 썼다면 '어땠을까'입니다. '그랬다면 이렇게 썼을까?' '한국어 지문 그대로 글자만 영어로 바꾼 것은 아닐까?'입니다. 그래서 다음 과정으로 제 번역을 보면서 영어로는 이 부분을 어떻게 표현할까 생각해 봅니다. 한국어 지문을 보면서 번역하다 보면 자칫 노예가 되기 때문입니다.

예를 들어 보겠습니다. '새로운 문화를 실현하다'라는 문장은 '실현하다(realize) + a new culture'로 번역되기 쉽습니다. 틀린 것은 아니지만 Happy Christmas처럼

부자연스럽습니다. '어땠을까'의 순간입니다. 목적어인 culture의 짝꿍을 생각해 보면, realize보다는 shape이 어울립니다.

'내가 나를 통번역한다면 나는 만족할까'와 '어땠을까'는 무형의 제 통번역 모니터 요원들입니다.

05 | 비슷한 단어의 미묘한 차이

'판매자를 위한 지속적인 교육'에서 '교육'을 질문하면 거의 대부분이 education이라고 답합니다. 하지만 평생 교육, 학교 교육에는 적합하지만 직업 교육은 training입니다. 한국어 지문에 '훈련'이라고 되어 있다면 training 이라는 답이 나왔을 것입니다.

문제는 같은 뜻이라고 암기하고 있는 것입니다. consent도 agree도 '동의하다'입니다. 하지만 '의미'가 다릅니다. 처음에는 낯설어서 이런 차이를 설명해도 이해하기가 어렵습니다. 다 고만고만 비슷해서 혼동되는 것이니까요. 하지만 차이가 있습니다. 한국어도 '소중한'과 '귀중한'의 차이가 있듯이 문맥에 맞는 정확한 단어가 있습니다. 그 차이를 알고 점점 정확하게 파악하고 싶다면 방법이 있습니다. 영문 관찰이 답입니다.

'영문 관찰'은 영문에서 쓰고 있는 표현들을 암기하는 것입니다. 예를 들어, 인명 구조 시 rescue와 recover의 차이점은 무엇인지, 랜섬웨어 해커들이 해킹한 파일을 복구할 때 repair를 쓰는지 recover를 쓰는지 주의 깊게 듣고 봐야 합니다. 그러면 '시간의 힘'으로 비원어민에서 원어민이 됩니다. 아니 원어민보다 더 좋은 영어를 구사하는 bilingual speaker가 됩니다. 이런 맥락에서 사전은 번역사의 베프입니다.

유용한 사전들

사전을 소개해 달라는 요청을 많이 받습니다. 아래 사전 사이트들은 각 특징이 있습니다.

1. Oxford Learner's Dictionary
https://www.oxfordlearnersdictionaries.com/
비원어민 학습자를 위한 사전으로 풍부한 예문이 특징입니다. 단점이라면, 우리도 때론 모국어 사용에서 오류가 있듯 이 사전에도 오류가 있습니다. 다음 소개하는 사전은 이런 오류를 걸러 낸 것입니다.

2. Oxford Advanced Learner's Dictionary
https://elt.oup.com/catalogue/items/global/dictionaries/oxford-advanced-learners-dictionary/?cc=kr&selLanguage=ko&mode=hub

3. power thesaurus
https://www.powerthesaurus.org/
유사어 / 반의어 / 예문 등을 검색할 수 있습니다.

4. Online Collocation Dictionary
https://www.freecollocation.com/
짝꿍 단어를 검색할 수 있습니다.

5. JTW
http://www.just-the-word.com/
짝꿍 동사를 검색할 수 있는 또 다른 인터넷 사전입니다.

6. Compare Words

https://comparewords.com/

단어 차이를 검색할 수 있습니다.

7. sentencedict.com

https://sentencedict.com/

검색하는 단어가 포함된 **다양한 문장**을 소개합니다.

8. 네이버 한영 사전

https://korean.dict.naver.com/koendict/#/main

9. College Writing Handbook

https://courses.lumenlearning.com/suny-jeffersoncc-styleguide/

통역과 달리 번역은 단어 이외에도 **콜론, 세미 콜론, 쉼표** 등 용법이 문제가 됩니다. 이와 관련해서 다양한 설명과 연습 문제가 있고 그에 대한 설명도 볼 수 있는 학습 사이트입니다.

10. vocabulary.com

https://www.vocabulary.com/dictionary/

이 사이트의 가장 큰 목적은 어휘를 게임 방식으로 암기하게 하는 것입니다. 저도 공부했던 곳이니 오랫동안 명성을 유지하고 있습니다. 영영 사전으로 단어를 찾을 때 **정확한 의미**나 **비슷한 단어와의 차이**를 더 알고 싶을 때 유용한 사이트입니다.

사전 외에 유사해 보이는 단어의 차이점을 찾는 또 한 가지 방법은 구글 검색입니다. 일례로 구글 검색란에 difference between use and usage를 입력해 봅시다. 그러면 use는 'the act of using or state of being used for'(사용 여부), usage는 'an amount of use or the customary manner'(사용량 혹은 사용 방식)의 의미라는 차이를 알 수 있습니다.

cf.) The use of electricity: 전기 사용 (여부) / the usage of electricity: 전기 사용량 (소모된 전기량)

관련 내용이 많이 나옵니다. 물론 이 답변 중에는 수업 중에 한 학생이 말한 것처럼 처음에는 읽어 보면 무슨 말인지 동네 아저씨가 쓴 것 같기도 하고 무슨 차이가 있다고 하는 것인지 잘 모르겠다고 한 것처럼 애매할 때가 있습니다. 우리도 한국어에 대한 질문을 받으면 뭐가 맞는지는 알겠는데 설명을 하기 어려운 것과 같습니다. 그래도 계속 보면 점점 내공이 생겨 그 설명도 이해되는 날이 옵니다.

그동안 여러 사람의 번역을 보면서 단어의 오용을 많이 봤습니다. 그중 엄선해서 학생들의 질문이 많은 순으로 정리했습니다. 먼저 주어진 단어 중 빈칸에 맞는 단어를 선택한 후 차이점을 읽어 보면 좋겠습니다.

빈칸을 채워 보세요

1. Issue / matter

Pollution is a very critical _____.

Various _____ were dealt with at the meeting.

2. huge / massive

_____ damage / _____ problems

3. cause / result in / lead to

Overflowing of the Dam _____ an evacuation order in affected areas.

This development _____ an uproar that Turkey committed a diplomatic discourtesy.

Reviews of the policy have _____ changes.

4. job / profession / occupation / vocation

I am now between _____.

It's hard to lose weight when you have a sedentary _____.

She has a _____ for teaching.

She entered legal _____ after college.

5. resolve / tackle

_____ climate change / _____ this limitation

설명

1. issue(특정한 문제) / matter(전반 적인 문제)

Pollution is a very critical issue.

Various matters were dealt with at the meeting.

2. massive(막대한) / huge(크기나 양이 큰)

- **massive** damage: **막대한** 피해 / **huge** problems: **큰** 문제

3. 강조하는 대상이 차이

Smoking causes / results in / leads to lung cancer로 혼용이 가능합니다만 다음과 같이 구별해야 할 때가 있습니다.

1) cause (주어가 직접적인 원인 제공자)

Ex. This development **caused** an uproar that Turkcy committed a diplomatic discourtesy.

번역 이런 상황이 터키 정부가 외교적 결례를 범했다는 원성을 초래했다.

cf.) The global crisis **caused** a sharp drop in oil demand. → 전 세계의 위기로 인해 석유 수요가 급감했다. (전 세계의 위기가 수요 급감 **원인**)

2) **result in** (주어 후 직접적 결과가 생김)

Ex. Reviews of the policy have **resulted in** changes.

번역 검토 결과 수정되었다.

3) **lead to** (주어와 연관이 없을 수 있음 / ~결과로 이어지다)

Ex. Overflowing of the Dam **led to** an evacuation order in affected areas

번역 댐의 범람으로 주변 지역에 대피령이 **내렸다.**

(댐이 범람했다고 꼭 대피해야만 하는 것은 아님. '대피'로 이어졌다는 의미.)

4. vocation(천직) / job(보수를 받는 일) / profession(전문직) / occupation (넓은 의미에서의 직종. 예를 들면, 교육계)

Ex. I am now between **jobs**.

번역 현재 실**직** 중이다.

Ex. It's hard to lose weight when you have a sedentary **occupation**.

[번역] 주로 앉아서 하는 **직종**이면 체중 감량이 어렵다.

cf.) occupation은 occupy의 명사형입니다. 시간과 노력을 들여 돈을 버는 일은 모두 포함됩니다.

Ex. I don't like this job but like this occupation.

[번역] 이 일은 좋지 않지만 이 직종은 좋다.

Ex. She has a **vocation** for teaching.

[번역] 강의가 **천직**이다.

Ex. She entered legal **profession** after college.

[번역] 대학 졸업 후 법조**계**에 입문했다.

5. resolve (문제에 대한 해결책을 찾다) / tackle (문제에 맞서 싸우다)

resolve this limitation / **tackle** climate change

- COVID-19는 마스크 착용과 백신 외에 해결책이 없습니다. 그래서 계속 연구를 하고 해결책을 찾으면서 tackle the pandemic을 하는 것입니다.

한국은행 '조사국장'

조사국장을 검색해 보면 director of investigation이라고 나옵니다.
이상하죠? 한국은행에서 수사 업무를 보진 않을 텐데요. 이렇게 번역되는 이유는

'조사'라는 단어가 '수사'의 의미로 많이 쓰이기 때문입니다. 그러나 한국은행은 수사 기관이 아니므로 '조사'는 '연구'의 의미가 되어야 합니다.

번역 The director of the research department

6. level / grade / class

위험 수준이 높다

a high _____ of risks

가장 좋은 등급의 재료만 썼다.

All the materials used were of the highest_____.

중산층

the middle _____.

7. sources or resources

측근에 따르면

_____ close to him said that

8. right / accurate / exact / correct / precise

치맥은 언제나 정답이다.

Fried chicken and beer is always _____.

그 역술가가 사주를 잘 본다.

The fortune teller makes a(n)_____ prediction.

이것은 원본과 똑같다.

It is a(n) _____ copy of the original document.

학생들이 정답을 선택했다.

Students chose the _____ answers.

이 단어의 좀더 정확한 뜻을 알려 주십시오.

Give me a more _____ definition of the word?

9. rescue / recover

재난 지역에서 구조 활동이 시신 수습 작업으로 전환됐다.

_____ shifts to _____ in affected areas.

10. repair / recover

The U.S. _____ millions in a cryptocurrency paid to Colonial

Pipeline. The corrupt files are _____.

설명

6. level / grade / class

Ex. 위험 **수준**이 높다.

번역 a high **level** of risks

Ex. 가장 좋은 **등급**의 재료만 썼다.

🔲 All the materials used were of the highest **grade**.

Ex. 중산**층**

🔲 the middle **class**

– level과 grade의 공통점은 상승 및 하강 등 수직 정도를 표현한다는 것입니다.

– level은 해수면(sea level)처럼 상하로 이동하는 것의 정도를 뜻하고, grade는 학년이나 학점처럼 정해진 등급이 있습니다.

cf.) 쇠고기 1등급: the first grade beef / 학년: the second grade student / 학교 성적: school grades

cf.) 내 권한 밖의 일입니다: This is above my pay grade.

cf.) first class / business class / economy class

7. sources or resources

source는 출처를, resources는 그 결과물을 의미합니다.

Ex. 측근에 따르면

🔲 sources close to him said that (소식이 나온 곳)

Ex. 태양 에너지는 태양에서 나온다.

🔲 Solar energy is a **resource** of the Sun (the source).

8. right / accurate / exact / correct / precise

Ex. 치맥은 언제나 **정답**이다.

`번역` Fried chicken and beer is always **right**.

Ex. 그 역술가가 사주를 **잘** 본다.

`번역` The fortune teller makes a(n) accurate prediction.

Ex. 이것은 원본과 **똑**같다.

`번역` It is an **exact** copy of the original document.

Ex. 학생들이 **정답**을 선택했다.

`번역` Students chose the **correct** answers.

Ex. 이 단어의 좀더 **정확한** 뜻을 알려주십시오.

`번역` Give me a more **precise** definition of the word.

cf.) 비슷한 단어들의 미묘한 차이점

right: 그렇게 하는 것이 **맞다**.

cf.) Do the right thing! → 해야 할 일을 하시오!

accurate: 꽤 정확하게 (정확함의 정도)

exact: 똑같은

correct: (틀리지 않고) 맞는

precise: 정밀한 / 세밀한

9. rescue / recovery

Ex. 재난 지역에서 **구조** 활동이 **시신 수습** 작업으로 전환됐다.

번역 **Rescue** shifts to **recovery** in affected areas.

– 재해가 발생하면 처음에는 생존자를 찾다가(rescue) 시일이 지나면 recovery로 전환됩니다.

10. repair / recover

The U.S. **recovered** millions in a cryptocurrency paid to Colonial Pipeline. The corrupt files are repaired.

– recover는 그대로 회수(아플 때 아프기 전으로 회복하듯), repair는 파손된 파일을 복구 및 수리하는 것을 말합니다.

비트코인이 이처럼 각축전을 벌이는 협업 툴 시장에 **도전장을 내밀다(도전하다)**.
Bitcoin challenges its competitive market for collaboration tools.

규제가 시작된다는 **신호탄이 되다(신호가 되다)**.
It signals that regulations will follow.

코로나19가 항공여행 수요에 **직격탄을 날렸다(타격을 주다)**.
The COVID-19 crisis has **hit** the demand for airline travel **hard**.
cf.) wreak havoc on: ~을 사정없이 파괴하다

11. criteria / norms / standards

국제 기준

international _____

사회적 정서

social _____

입학 기준을 넓혀야 한다.

Expand admission _____.

입학 기준을 높여야 한다.

Raise the _____ for admission.

12. agency / entity / facility / institution / organization / unit

유엔은 1945년 창설된 국제 기구로 현재 15개의 산하 기관이 있다.

The U.N. is an international _____ founded 1945 and

has 15 _____.

이 부서가 더 큰 부서로 합병되었기 때문에 더 이상 별도의 독립 조직이

아니다.

The unit has become part of a larger department and no longer exists

as a separate _____.

이 시스템은 학문과 연구 기관을 주요 대상으로 한다.

The system is targeted mainly at academic and research _____.

우리는 이곳이 시설이 아니라 집 같은 곳이 되기를 바랍니다.

We want this building to be like a home, not an _____.

사회의 가장 기본 단위는 가족이다.

The basic _____ of society is the family.

13. controversy / outcry

오류가 있는 선거 용지가 대거 발견되어 논란을 빚고 있다.

Many incorrect ballots were found, causing an _____.

개학을 2주 앞두고 마스크 착용 의무화를 놓고 논란이 벌어지고 있다.

With two weeks before schools begin, a(n) _____ over a mask mandate is erupting.

14. mysterious / weird / strange

그가 오늘 이상하다.

He is acting _____ today.

나는 그 사람을 모른다.

He is _____ to me

그의 말년이 밝혀지지 않고 있다.

His late years remain _____.

15. apply for / enroll / register

8월 말까지 학교 등록을 해야 한다.

You need to _____ before the end of August.

온라인으로도 접수 가능합니다.

You can also _____ online.

출생 신고는 생후 42일 내에 해야 합니다.

There is a duty to _____ a birth within 42 days.

나는 그 보조금을 신청했다.

I _____ the aid.

설명

11. criteria / norms / standards

Ex. 국제 **기준**

번역 international **norms**

Ex. 사회적 **정서**

번역 social **norms**

Ex. 입학 **기준**을 **넓혀야** 한다.

번역 We should expand admission **criteria.**

Ex. 입학 **기준**을 **높여야** 한다.

번역 We should raise the **standard** for admission.

- **norms**는 모든 사람이 따라야 할 넓은 기준을 의미합니다. 따라서 international norms는 국제 사회가 social norms는 그 사회 구성원이 따라야 할 기준입니다.
- **criteria**는 기준을 확대하는 것입니다. 이전에 입학 선발 시 2개의 기준만을 충족했다면 이제는 추가 기준을 늘리는 것입니다.
- **standard**는 입학 기준을 높여 더 높은 성적을 요구하는 것 등을 가리

킵니다.

12. agency / entity / facility / institution / organization / unit

Ex. 유엔은 1945년 창설된 국제 **기구**로 현재 15개의 **산하 기관**이 있다.

[번역] The U.N. is an international **organization** founded 1945 and has 15 **agencies**.

Ex. 이 **부서**가 더 큰 부서로 합병되었기 때문에 더 이상 별도의 **독립 조직**이 아니다.

[번역] The **unit** has become part of a larger department and no longer exists as **a separate entity**.

Ex. 이 시스템은 학문과 연구 **기관**을 주요 대상으로 한다.

[번역] The system is targeted mainly at academic and research **institutions**.

Ex. 우리는 이 곳이 **시설**이 아니라 집 같은 곳이 되기를 바랍니다.

[번역] We want this building to be like a home, not a **facility**.

Ex. 사회의 가장 기본 **단위**는 가족이다.

[번역] The basic **unit** of society is the family.

- **organization**은 규모가 크든 작든 **조직**을 가리킵니다.
- **agency**는 미국국세청(IRS: International Revenue Service) 같은 정부

기관이나 공기관을 뜻합니다.

- institution은 1) 학교 병원 기관, 2) 시설(facilities)의 뜻이 있습니다.
- unit는 기본 단위나 작은 부서 등을 의미입니다.

13. controversy / outcry

Ex. 오류가 있는 선거 용지가 대거 발견되어 **논란**을 빚고 있다.

번역 Many incorrect ballots were found, causing **an outcry** or uproar

– 한국어 지문에 '논란을 빚고 있다'로 자주 나와 controversy를 많이 쓰는 것을 보았습니다. 논란이라는 '글자'가 아닌 '의미'를 생각해 보면, '의혹'이나 '불만'이 더 어울립니다. 이 때 사용할 수 있는 표현은 outcry입니다. **Controversy**는 사안을 두고 **찬반**이 있는 것입니다. 예문은 '마스크 의무화를 놓고 (찬성과 반대가 있는) 논란이 있다'의 의미입니다.

Ex. 마스크 착용 의무화를 놓고 **논란**이 벌어지고 있다.

번역 The **controversy** surrounding a mask mandate.

14. mysterious / weird / strange

Ex. 그가 오늘 **이상**하다.

번역 He is acting **weird** today.

Ex. 나는 그 사람을 **모른다**.

번역 He is **strange** to me

Ex. 그의 말년은 **알려진 게 없다**.

번역 His late years remain **mysterious**.

- mysterious를 가장 틀리게 쓰고 있고 잘 고쳐지지 않습니다. 어휘 책에서 '신비스러운'이라고 암기했기 때문입니다. mysterious은 enigmatic, 즉 '모른다'는 의미입니다. weird는 '평소와 다른', strange는 '낯선'입니다.

15. apply for / enroll / register

Ex. 8월 말까지 학교 등록을 해야 한다.

번역 You need to _____ before the end of August.

Ex. 온라인으로도 접수 가능 합니다.

번역 You can also _____ register _____ online.

Ex. 출생 신고는 생후 42일 이내에 해야 합니다.

번역 There is a duty to ____ register _____ a birth within 42 days.

Ex. 나는 그 보조금을 신청했다.

번역 I _____ applied for _____ the aid

- 한국어가 '등록하다'로 다 쓰이기 때문에 혼동이 됩니다. 그래서 다음 학기 '등록'을 register로 표현하는 것도 많이 봤습니다. register는 record officially를 의미합니다. 학교 등록은 enroll을 씁니다.

cf.) 재**학**증명서: the **enrollment** status letter

cf.) apply와 함께 쓰는 전치사

- 구체적인 일의 경우: apply **for** the job

– 기관에 지원할 경우: apply **to** the school / apply **to** the company

알 수 없어요

제가 강의하고 있는 고려대학교-매쿼리대학교 연계 통역 석사 과정에서는 여름 방학과 겨울 방학 기간 동안 통번역 입문 과정(pre-certificate course)을 운영합니다. 이 과정을 통해 그동안 많은 학생을 만나 왔는데, 최근 변화가 생기기 시작했습니다. 과정이 시작되기 전 e-café를 개설해 인사말을 남기면 학생들이 댓글을 올립니다. 그중 많은 글이 제가 출판한 《한영 번역, 이럴 땐 이렇게》를 읽고 수강 신청을 하게 되었다는 내용입니다. 그러면 저는 '책이 인연이 되어 이렇게 만날 줄은 몰랐다'고 답신을 합니다.

그렇습니다. 제가 그 책을 썼을 때는 그것이 매개체가 되어 새로운 학생들과 인연을 맺게 될 거라고는 1도 생각하지 않았습니다. 단지 저의 번역 기술을 공유함으로써 도움이 되고 싶다는 생각뿐이었습니다. 하지만 그 후는 제가 생각하지 못했던 결과로 이어지게 되었습니다.

동료 통번역사들을 만나면 통번역이 아니었다면 결코 가질 수 없었을 기회에 대해 이야기를 나눕니다. 대통령의 말을 통역하고, 〈오징어 게임〉의 한영 번역이 이슈가 되어 방송사와 인터뷰를 하며, 공기관의 통번역 자문 위원이 되는 일 등에 대해서 말입니다. 그리고 그 과정에서 만나게 된 많은 사람들, 그리고 그들의 육성과 때로는 인생의 조언까지도, 통번역이 아니었다면 결코 맺을 수 없었을 인연을 생각하게 됩니다. 통번역을 공부하기 전에도 통번역을 공부할 때도 알 수 없던 일이었습니다. 하지만 하나씩 하나씩 열심히 하다 보니 알 수 없었던 일들이 현실화되었습니다. 그러니 또 열심히 할 수밖에 없습니다. 어떤 일이 또 제 눈앞에 펼쳐질지 모르니까요. 그러니 그 준비를 게을리할 수 없으니까요.

16. appointment / plan / promise

중국은 2060년까지 탄소 중립을 달성할 것이라고 밝혔다.

China _____ to become carbon neutral by 2060.

병원에 약속이 있다.

I made a(n) _____ with a doctor.

친구들과 저녁 약속이 있다.

I have a dinner _____ with my friends.

17. decide / determine

양육이 한 사람의 인성을 결정하는 데 중요한 역할을 한다.

Upbringing plays an important part in _____ a person's character.

뭘 입을지 정할 수 없다.

I can't _____ what to wear.

18. consequence / outcome / result

수백만의 학생들이 결과를 애타게 기다리고 있다.

Millions of students are anxiously awaiting their _____.

우리는 선거 결과를 기다리고 있다.

We await the _____ of the election.

앞으로 어떤 일이 벌어질지 생각해 보았니?

Have you considered the possible _____?

19. approve / authorize / consent / agree / consensus

우리는 위원회가 이 제안을 승인해 주기를 바란다.

We hope that the proposals will soon be _____ by the committee.

경찰이 그의 전화 내용을 녹음할 수 있는 권한을 받았다.

The police were _____ to record his phone conversations.

환자들이 수술 전 동의서에 사인한다.

Patients sign a _____ form before surgery.

많은 전문가들이 이 성명서에 동의하며 환영했다.

Many experts _____ wholeheartedly with this statement.

특히 이 문제에 관한 사회적 공감대가 커지고 있다.

Particularly, there is a growing _____ of opinion on this issue.

'particular(특별한)' 어디까지 가능할까?

특히 이 문제에 관한 사회적 공감대가 커지고 있다.
Particularly, there is a growing consensus of opinion on this issue

cf.) particularly vs. disproportionately
- particularly는 강조, disproportionately는 비중이 한쪽으로 치우친 불공평을 의미합니다.
Ex. 특히 지나치게 노인층의 감염이 심각하다.

번역 The elderly are **disproportionately** infected.

Ex. 경기 침체가 **특히** 중산층에 영향이 크다.

번역 An economic recession **disproportionately** affects the middle class.

회사는 직원들의 **개인별** 요구를 충족시켜 주어야 한다.
Companies should meet employees' **particular** needs.

이것은 **어느** 은하단의 사진입니다.
Well, here is an image of a **particular** galaxy cluster.

그렇다면 어째서 우리는 이런 **특정한** 방식으로 움직이는 걸까요?
So why is it that we move the **particular** ways we do?

그러면 **해당** 분쟁 지역에 평화를 정착시킬 수 있다고 봅니다.
That, I believe, is going to bring peace to this **particular** conflict.

이 두 팀은 **따로 각자의** 해결책에 전념해서 연구하게 되었습니다.
Separately, these two teams were allowed to work full-time on their **particular** approach.

---

20. belief / confidence / faith / trust

이번 개혁안은 검증이 안 되어 선생님들을 믿고 해 볼 수밖에 없다.

These reforms are totally untested and will require a leap of _____
on the part of teachers.

나는 그의 일에 대한 강한 확신에 늘 놀란다.

I admire his passionate _____ in what he is doing.

한번 믿고 잘해 봅시다.

Our partnership is based on _____.

그녀는 학생들의 능력에 강한 확신을 가지고 있다.

She has the strong _____ in her students' abilities.

설명

16. appointment / plan / promise

Ex. 중국은 2060년까지 탄소 중립을 달성할 것이라고 밝혔다.

[번역] **China promises** to become carbon neutral by 2060.

– promise (말한 내용을 약속)

Ex. 병원에 **약속**이 있다.

[번역] I have an **appointment** with a doctor.

– appointment (공적인 시간 약속)

Ex. 친구들과 저녁 **약속**이 있다.

[번역] have a dinner **plan** with my friends.

– plan (사적인 약속)

17. decide / determine

Ex. 양육이 한사람의 인성을 **결정**하는 데 중요한 역할을 한다.

[번역] Upbringing plays an important part in **determining** a person's character.

Ex. 뭘 입을지 **결정**할 수 없다.

[번역] I can't **decide** what to wear.

– determine은 '정도를 정하는 의미'이고, decide는 '할지 말지'를 정하는 것입니다. 그래서 인성에 어느 정도의 영향을 줄지는 determine이고, 어떤 옷을 입을지 결정하는 것은 decide입니다.

18. consequence / outcome / result

Ex. 수백만의 학생들이 **결과**를 애타게 기다리고 있다.

[번역] Millions of students are anxiously awaiting their **results**.

Ex. 우리는 선거 **결과**를 기다리고 있다.

[번역] We await the **outcome** of the election.

Ex. 앞으로 어떤 **일**이 벌어질지 생각해 보았니?

[번역] Have you considered the possible **consequences**?

– result는 이미 나온 결과, outcome은 예상되는 결과를 뜻합니다.

cf.) learning outcomes: 학습 기대 효과 (이 과목을 배웠을 때 어떤 결과를 얻게 될지를 뜻합니다)

– consequence는 후에 치르는 '대가'를 뜻합니다.

19. approve / authorize / consent / agree / consensus

Ex. 우리는 위원회가 이 제안을 **승인해** 주기를 바란다.

[번역] We hope that the proposals will soon be **approved** by the committee.

- approve 공식적으로 승인하다

Ex. 경찰이 그의 전화 내용을 녹음할 수 있는 **권한을 받았다.**

[번역] The police were **authorized** to record his phone conversations.

cf.) authorize: 공식적으로 권한을 주다

Ex. Close the door to prevent unauthorized access to this room.

[번역] 이방에 이방인이 출입할 수 없도록 문을 닫아 주세요.

Ex. 환자들이 수술 전 **동의서**에 사인한다.

[번역] Patients sign a **consent** form before surgery.

- 인터넷 서비스 이용 전 정보에 관한 약관에서 '동의합니다'라는 확인 표시를 많이 해 보셨을 겁니다. 그 표현이 consent입니다. consent는 나의 정보 등을 사용하는 것에 동의하다는 의미입니다.

Ex. 많은 전문가들이 이 성명서에 **동의하며** 환영했다.

[번역] Many experts **agree** wholeheartedly with this statement.

- 그 내용을 '찬성한다'는 의미입니다.

Ex. 특히, 이 문제에 관한 **사회적 공감대**가 커지고 있다.

[번역] Particularly, I find that there is a growing **consensus** of opinion on this issue.

- consensus는 '전체의 동의'를 의미합니다. 그래서 '사회적 공감대'라는 표현에 많이 씁니다.

'find(찾다)' 어디까지 가능할까?

기후 변화로 2050년까지 2억 명이 넘는 기후 이주민이 발생할 것이라는 연구 결과가 **나왔다.**
A study **finds out** that climate change could create more than 200 million climate migrants.

나는 유럽에 대해 더 많이 **알아보고** 싶다.
I would like to **find out** more about Europe.

파괴적 혁신은 각 산업에서 **발생하고 있다.**
Disruptive innovations are **found** in each industry.

많은 건물이 **있다.**
You can **find** many buildings.

그 일은 어렵지만 할 수 있다고 **생각한다.**
It's challenging but I **find** it doable.

많은 운전자들이 비싼 기름값 때문에 자가용을 모는 것을 부담으로 **여긴다.**
Many drivers **find** it a burden to drive their own cars because of high oil prices.

그들은 직업을 **갖는** 데 어려움이 있었다.
They have a hard time **finding** jobs

20. belief / confidence / faith / trust

Ex. 이번 개혁 내용은 검증이 안되어 선생님들을 **믿고** 해 볼 수밖에 없다.

【번역】 These reforms are totally untested and will require a leap of **faith** on the part of teachers.

– faith는 '절대적 믿음'입니다. 이를 바탕으로 다음과 같은 관용 표현이 만들어집니다. 같은 '맹신'도 a leap of faith는 긍정적 의미, blind faith는 부정적 의미입니다.

Ex. 나의 그의 자신의 일에 대한 확고한 **소신**에 늘 감탄한다.

【번역】 I admire his passionate **belief** in what he is doing.

– belief: 소신

Ex. 한번 믿고 잘해 봅시다.

【번역】 Our partnership is based on **trust**

– trust: 신뢰.

cf.) In God, We Trust: 미국 화폐에 쓰인 문구

Ex. 그녀는 학생들의 능력에 강한 **확신**을 가지고 있다.

【번역】 She has the strong **confidence** in her students' abilities.

– confidence: 확신

This book will help you build confidence and develop your translation skills.

좋아하면 관심이 생기고 관심이 생기면 계속 지켜보듯이 자연스러운 영어를 구사하고 싶다면 영문을 보면서 명사가 어떤 형용사와 함께하는지 항상 관찰해 봅시다.

Broken English Expressions

웹툰 → web comics
패딩 → a padded coat
홈 트레이닝 → at-home workouts
브로드캐스트 자키 → a live streamer
전동 킥보드 → a scooter
카스텔라 → sponge cake
원룸 → a studio
아날로그 감성 → retro vibes
SNS 활동 → social media activities
언텍트 → contactless
메뉴 개발 → create menu items
무한 리필 → all you can eat

06

표현편 총정리

국립국어원의 공공 영어 표준 번역 자문으로 있으면서 아직도 '정보화'를 informatization로 '할머니 뼈해장국'을 Grandmother's bone soup으로 번역된 것을 보면서 한국어 의미 번역의 필요성을 절감하게 됩니다. 이런 번역은 조소의 대상이 됩니다. 아무도 그런 대상이 되고 싶은 사람은 없습니다. 다만 어떻게 해야 하는지를 모를 뿐입니다.

글자가 아니라 의미에 맞는 표현을 써야 하지만 자기도 모르게 실수하는 것처럼 글자를 따라가는 때가 많습니다. '정보화'는 access Information and Technology로 ' 할머니 뼈해장국'은 할머니의 뼈로 만든 것이 아니고 할머니의 솜씨, 할머니의 맛으로 만들었다는 것을 강조하는 것이니 그 의미를 살려 Grandmother's homemade bone soup으로 번역하는 것이 방법입니다.

그럼 어떻게 하면 한국어의 맛깔나고 다양한 표현을 잘 살린 영어 번역을 할 수 있을까요? 그 답을 표현편에서 소개했습니다. 제가 오랜 동안 한영 번역을 하면서 고민하고 찾은 해결 방안들입니다. 표현 찾는 과정, 한국어 문장의 끝부분을 넓게 보고 동사 찾기, 짝꿍 명사 / 동사 쓰기, 명사를 동사로 번역하기, 차이 나는 단어들을 소개했습니다. 번역을 하는 한 늘 새로운 표현을 만드는 일은 필연입니다. 그렇게 고민하다가 만족할 만한 표현을 만들어 내는 즐거움을 공감했으면 좋겠습니다.

마치며

책이 완성되었습니다. 시원섭섭합니다(bitter and sweet). 하기로 한 것을 마쳐서 시원하고, 아직 소개하고 싶은 내용이 많은데 분량상 접어야 하니 섭섭합니다.

하지만 아쉽지는 않습니다. 마쳐야 하는 순간이 올 것을 알았기에 책을 쓰는 동안 감사하고 행복한 마음으로 좋은 책을 만들려고 아이디어를 짜고 매순간 집중했습니다. 저는 항상 '세상에 영원한 것은 없다. 그러니 뭐라도 할 수 있는 이 순간에 무조건 땡큐 하자'라고 생각합니다. 아침에 눈 뜨면 기본으로 한 번, 하루 중 심기일전이 필요할 때마다 되새깁니다.

한영 번역이라고 하면 딱딱하고 어렵다는 선입견이 있을 수 있지만 아닙니다. 재미있는 놀이입니다. '그림 그리기'만 취미이고 놀이입니까? 그림 그리기는 하면 할수록 그림이 쌓여 가고 재료비도 많이 드는 반면 '번역 놀이'는 머리만 있으면 됩니다.

늘 하는 이야기지만, 통번역은 simple but not easy입니다. 영어에서 한국어로 한국어에서 영어로 바꾸기만 하면 됩니다. 하지만 쉬운 것은 아닙니다. 골프 선수가 샷을 하는 모습을 보면 하나도 어려울 게 없어 보이지만 막상 해 보면 전혀 다르듯 터득하는 데 시간이 걸립니다. 터득하고 나면 재미있고 기대되고 즐거워집니다. 같은 지문이지만 다른 번역을 할 수 있게 됩니다. 알고 보면 번역은 '놀이, 재미있는 언어 놀이'입니다.

부록

1. 개회사 / 건배사 / 만찬사 / 폐회사

이런 인사말에서 공통으로 자주 쓰이는 표현들을 정리합니다. 우선 '~사'에 해당되는 단어는 항상 복수인 remarks를 씁니다. a remark는 한말씀이기 때문입니다. '한말씀 부탁드리겠습니다'가 딱 '한 말씀'은 아니니까요. 같은 동양권이라 그런지 일본어도 '히토고토(한말씀) 오네가이시마스(부탁드립니다)' 라는 똑같은 표현을 씁니다.

인사말 번역을 학습할 수 있는 가장 유용한 자료는 청와대 홈페이지의 대통령의 말과 글(speeches and remarks)입니다. 다양한 행사에서의 연설문이 영어로 번역되어 있습니다. 가장 오류도 적고 현장감 있게 실시간 필요한 표현도 많이 공부할 수 있습니다.

같은 내용의 영어와 한국어 두 개의 지문을 비교하면서 '구조와 표현'을 관찰하고 정리하고 암기하는 것입니다. 내용이 너무 어렵습니까? 그렇다면 내가 문제입니다. 대통령의 말과 글은 국민이 대상인데 나 자신이 국민이지 않습니까? 그러니 가능한 빨리 국민이 되어야 하겠습니다.

강의를 하다 보면 조금만 생소한 단어가 나와도 망설일 때가 많습니다. 누구나 그런 나는 되고 싶지 않습니다. 자신 있게 멋있게 통번역할 수 있는 나가 되고 싶습니다. 그런 미래의 나를 빨리 만나 보고 싶다면 방법은 있습니다. 'Do you want to have faster results? Work harder'입니다. 될 수 있을 때까지 암기하고 연습하는 것입니다. 처음부터 잘한 사람은 아무도 없습니다.

이제 본격적으로 여러가지 인사말 번역을 소개합니다. 많이 활용되는 구조와 표현 위주로 정리했습니다.

개회사

안녕하십니까? 오늘 제6차 보건 의료 개선 회의에서 개회사를 하게 되어 영광입니다. 우선 먼 거리를 오셔서 오늘 회의에 참석해 주신 여러분께 깊은 감사를 드립니다. 그리고 오늘 행사를 준비해 주신 관계자 여러분께도 감사를 드립니다.

Opening Remarks

Good morning. It's a great honor to make opening remarks on the occasion of the 6th conference on improvement in health care. First and foremost, I would like to thank you for all of you who have made a long distance trip to attend this event. I also would like to thank the organizers for their effort in putting this event together.

1. '우선'이라는 말이 한국어 연설문에 많이 나옵니다만 above all이라고 하지 않습니다. 생략하는 경우도 많고 First and foremost / On the outset / Allow me to라는 표현을 씁니다.
2. 연설을 시작하기 앞서 감사의 인사를 합니다. Thank 사람 for 일
3. 먼 거리를 오신: who have made a long distance trip

의료 보건 개선은 어디에서나 요즘 주요 의제로 떠오르고 있습니다. 저는 오늘 회의가 의료 보건 개선에 대한 의견을 활발히 나누고 고견을 얻는 자리가 되기를 희망합니다.

The improvement in health care is a prevailing issue worldwide. I hope today's conference will be a platform to actively discuss this critical issue and exchange valuable thoughts and insight.

'active(활발한)' 어디까지 가능할까?

그간 정치권에서 대체휴일제를 도입하자는 논의가 **활발하다.**
Politicians have had **active** discussions on adopting substitute holidays.

그는 **왕성한** 활동을 하고 있다.
He is **actively** working.

기업들이 전기차 생산에 **주력하고 있다.**
Companies **are active in** manufacturing electricity-powered vehicles.

일부에서는 그가 세계최고의 **현역** 선수라고 말한다.
Some say that he is the best **active** player.

자녀 교육을 **적극적으로** 시켜야 하는 것은 부모의 책임이다.
Being **active** in educating children is a parental responsibility.

정부는 노인들에게 **활동을 많이 하면** 건강을 유지하라고 권장하고 있다.
The government has encouraged the elderly to stay **active** and healthy.

 정리

1. ~가 주요 의제로 떠오르다: ~is a prevailing issue
2. 오늘 회의가 ~ 자리가 되기를 희망한다: I hope today's conference will be a platform to actively discuss this critical issue and exchange valuable thoughts and insight. (어떤 주제에서도 쓸 수 있는 표현입니다.)

또한 국제 협력에 새로운 이정표를 제시하고, 구체적이며 건설적인 시행 방안을 마련하는 중요한 계기가 되기를 기대합니다.

At the same time, I sincerely hope this conference will be a significant opportunity to mark a crucial milestone in promoting collective efforts and make an effective action plan.

다시 한번 오늘 참석해 주셔서 감사드립니다. 한국에서 즐거운 시간을 보내시기 바랍니다.

Once again, I appreciate your presence here today. I wish you a pleasant stay in Korea.

건배사

안녕하십니까.

오늘의 훌륭한 성과를 축하드립니다. 오늘 많은 고견과 그동안의 경험을 공유했습니다. 내일도 좋은 결과 있으시기를 바랍니다. 오늘의 성과를 축하하고 내일의 성공을 기원하는 의미로 잔을 들겠습니다. 신사 숙녀 여러분, 건강과 행복 그리고 지속적인 우정을 위하여 건배를 제안합니다.

건배!

즐거운 저녁 시간 되시기 바랍니다.

감사합니다.

Toast Remarks

Good evening, Ladies and Gentlemen!

I would like to congratulate you all on the successful first day of the meeting. Today, we were able to exchange valuable expertise and experiences. I hope that all of you will have a meaningful time tomorrow as well. Ladies and gentlemen, I would like to invite you to join me in a toast to health, happiness and everlasting friendship.

Cheers!

I wish you all a delightful evening.

Thank you.

 축하하다(congratulate) 사람 on 일

Tonight, in celebration of the progress that we've achieved today, and in anticipation of the progress we will achieve tomorrow, I would like to offer a toast.

1. (오늘의 성과를) 축하하고 / (내일의 성공을) 기대하며 in celebration of / in anticipation of
2. 건배를 제안합니다: I would like to offer a toast

만찬사

귀빈 여러분,

따뜻하게 맞아 주시고, 오찬에 이어 성대한 만찬을 베풀어 주신 여러분께 진심으로 감사드립니다. 이 자리를 빌어 관계자 여러분께 다시 한번 감사의 말씀 드립니다. 우리의 공동 번영을 위해 함께 손잡고 걸어 나갑시다. 우리의 변함없는 우정과 함께 건강과 번영을 기원하면서 건배를 제의합니다.

Dinner Remarks

Ladies and Gentlemen,

I would like to extend my profound gratitude to you for your warm greetings as well as the fine luncheon. I would like to take this opportunity to express my deep appreciation to the organizers. I hope that two countries will make joint strides to achieve co-prosperity. Now, I would like to propose a toast to the health and prosperity of both countries as well as our enduring friendship.

1. gratitude는 thank나 appreciation보다 더 '각별한 감사'를 의미합니다.
2. 함께 손잡고: make joint strides to 동사

폐회사

먼저, 이 포럼에 참석해 유익한 발표와 토론을 해 주신 모든 분들과 끝까지 경청해 주신 여러분, 그리고 행사를 기획하고 진행하느라 고생한 한영 양국 관계자 여러분께 진심으로 감사의 말씀을 드립니다.

이번 포럼은 양국 창조 산업의 공동 발전과 교류 협력 방안을 논의하는 소중한 시간이 되었다고 생각합니다.

Closing Remarks

First and foremost, I'd like to thank all the presenters, discussants and participants as well as delegates for your efforts and putting this remarkable event together.

I believe that this forum offered a significant opportunity to explore a reciprocal foundation for development, exchange and cooperation in the creative industry.

 공동 발전과 교류 협력 방안 → '공동'의 짝: 발전(×) 방안(○) → 공동 방안 for 발전 / 교류 / 협력

이번 포럼의 주제에 참석자 모두가 공감할 수 있었던 한 가지 분명한 점은, 개인의 상상력과 창조성이 기반이 되어 새로운 산업과 시장을 만들어 낼 수 있는 창조업의 중요성을 확인할 수 있었다는 점입니다.

The theme of this forum resonates with us because of the discovery of the value of the creation industry where individual imagination and creativity will lead to developing new industries and markets.

 1. 참석자 모두가 공감할 수 있었던 한 가지 분명한 점은: resonate with us because~

2. 중요성을 확인하다: discover the value of

앞으로도 '한영창조산업포럼(The Korea-UK Creative Industry Forum)'이 양국 창조 산업 교류의 촉매제가 되기를 기원합니다. 폐회를 선언합니다.

Sincerely hoping that the Korea-UK Creative Industries Forum will be a catalyst for promoting creative industries for both countries, I declare the forum closed.

 1. 촉매제가 되다: will be a catalyst for

2. 폐회를 선언하다: I declare the ~ closed.

Dos and Don'ts

Do

이 자리를 빌어 행사 관계자 분들의 노고에 감사드립니다.

Taking this opportunity, I would like to thank the organizers for your effort.

오늘 행사가 서로의 경험을 공유하고 향후 정책을 도모하는 뜻 깊은 자리가 되기를 바랍니다.

I hope that today's event is a significant opportunity to share your valuable experiences and explore future policies.

꼭 참석하셔서 자리를 빛내 주십시오.

Do grace the occasion with your presence.

늘 행복과 건강하시길 기원합니다.

I wish you happiness and health.

새해에 복 많이 받으세요.

I wish you an abundance of fortune.

Don't

연설문에서 '생각합니다'는 think가 아니라 believe를 씁니다. 다음과 같은 대체 표현을 활용하실 수 있습니다.

My belief is that

It is my belief that

I am a firm believer that

From my point of view,

I find

- I find this book very interesting.

- I find it necessary to conduct more research.

2. 소개문

사람을 소개하든 회사 또는 기관을 소개하든, 소개는 그 대상을 빛나게 해야 합니다. 그래서 다른 번역과는 달리 outstanding, remarkable, excellent 등의 화려한 단어 수식을 많이 합니다.

번역에 앞서 유사한 내용의 영문 텍스트(병렬 텍스트)를 검색한 후 번역하는 것이 좋습니다. 아래 나온 병원 소개문을 번역하기 앞서 뉴욕 장로교 병원 홈페이지에 나와 있는 소개문(About Us)을 먼저 참고하겠습니다.

About Us

New York-Presbyterian is one of the nation's most advanced, integrated academic health care delivery systems, dedicated to providing the highest quality, most compassionate care and service to patients in the New York metropolitan area, nationally, and throughout the globe.

New York-Presbyterian Hospital is a world-class academic medical center committed to excellence in patient-centered care. Based in New York City, it is a leading provider of care in all areas of medicine.

설명 지문을 보면 the nation's most와 같은 최상급이 많이 쓰이고 dedicated / committed to excellence in / a leading provider와 같은 표현을 볼 수 있습니다. 한국어 지문을 그대로 번역해서는 이런 표현을 쓰기가 어렵습니다. 그러니 대응되는 곳에 이런 표현을 구사할 수 있도록 미리 재료를 준비해 둘 수도 있고 번역 후 병렬 텍스트를 보면서 자신이 번역한 부분의 구조와 표현을 수정할 수도 있습니다.

Ex. 최고의 시설과 최적의 치료 환경을 갖추고 끊임없는 연구와 최첨단 치료 기법 개발을 위한 ○○병원의 노력은 개원 이래 지금 이 순간에도 계속되고 있습니다.

[설명] 위 지문을 통해 최고, 최적, 최첨단을 각각 the most advanced, the most integrated, the highest로 활용할 수 있습니다.

주어: ○○병원 / 동사: 계속 노력을 하고 있다 / 목적어: 연구와 개발 위해 / with 최고의 시설과 최적의 치료 환경 / 개원 이래

[번역] With cutting edge equipment and optimal treatment, ○○ has made strenuous efforts to research and develop the most advanced treatments since its inception.

다른 지문 같은 방식 빈칸 채우기

Q 환자와 그 가족들에게 도움을 드리고자 최신 시설을 갖추고 가장 청결하고 쾌적한 환경에서 부모님을 모시는 마음으로 전 의료진과 직원이 최선을 다하고 있습니다.

A Our medical team and staff are _____ to _____ in providing the highest quality care to patients and their families compassionately in the most advanced, cleanest and pleasant patient-centered center.

답 dedicated / excellence

- '최선을 다하다'가 do our best로 끝이 나서는 안됩니다. 위에 제시했

던 뉴욕 장로교 병원 소개문에서 표현을 찾을 수 있습니다. 위에 정리한 dedicated / committed to excellence in / a leading provider와 같은 표현을 활용해야 합니다. '부모님을 모시는 마음으로'를 as if they were my parents로 할 수 있지만 영어에서는 병렬 텍스트에 나와 있는 compassionately가 대응어입니다. 좋은 식재료가 있어야 좋은 음식이 가능하듯 좋은 표현이 있어야 좋은 번역이 가능합니다.

cf.) 밥그릇 싸움을 war over a rice bowl로 옮기면 소통은 가능하겠지만, 정확한 영어 표현은 'a turf war'입니다.

피드백

통번역 수업에서 가장 중요한 것은 피드백입니다. 열심히 통번역한 학생은 최선을 다한 것입니다. 그래도 개선할 부분이 있습니다. 그래서 그 최선을 향상시켜 줄 방향을 제시하는 것이 피드백입니다.

자신의 최선을 다 쏟아 놓고 학생은 피드백을 기다립니다. 저도 열심히 피드백을 해 줍니다. '이런 지문에서는 너무 장황하게 아는 단어를 다 늘어놓지 말고 가장 필요한 단어 한 개를 찾으려 해라' '통역해야 할 말이 어려우면 긍정은 부정, 부정은 긍정으로 의미를 찾아서 해라' 등 그때그때 솔루션이 다릅니다.

하지만 피드백을 바라는 학생에게 피드백을 해 줄 수 없을 때가 있습니다. 해당 학생이 그 부분에 대한 통번역을 하지 않은 경우입니다. 전체 내용을 '누락'했다는 말밖에 해줄 말이 없습니다.

삶도 그러하다고 생각합니다. 하고 싶은 일이 있다면 도전장을 던져야 합니다. 그래야 피드백을 받습니다. 대시하고 싶은 대상이 있으면 머뭇거리기만 하는 것보다 아직 할 수 있을 때 도전해 보아야 합니다. 그 대상이 이성이든 욕심나는 일이든 마찬가지입니다. 그래야 피드백을 받습니다. 그래야 혹시 이번에는 실패했어도 그 피드백을 토대로 다음에는 성공할 가능성이 높아집니다. 도전하지 않는 사람에게 돌아갈 피드백은 단 하나, '냉무'입니다.

3. 개조식

개조식(Bullet-point Type)은 짧고 간결하게 쓰는 문장으로 이력서, 발표 자료 등에 많이 쓰입니다. '~함' 등으로 끝나기 때문에 영어 번역도 완전한 문장으로 번역하지 않습니다. 완전한 문장인 서술식과 다르게 번역합니다.

이런 글을 옮길 때에는 몇 가지 주의해야 할 점이 있습니다.

1. 첫 문장을 동사 혹은 ~ing형, 형용사, 명사로 시작했으면 그 다음 문장도 통일성을 갖춰야 합니다.

2. 첫 단어는 대문자로 시작하되, 문장 끝은 마침표를 찍지 않습니다.

3. 최대한 내용을 간결하게 전달하는 것을 목표로 해야 합니다.

Ex.

번역 수업 학습 기대 효과

1. B언어를 A언어로 잘 전환하는 능력 함양

2. 번역 기술 함양

3. 번역 지문 이해

4. 영역별 지식 배양

5. 평생 학습자가 되기 위한 자기 주도 학습법 수립

번역

Learning Outcomes of Translation Class

1. **Demonstrate** the ability to accurately transfer messages from B language to A language

2. **Develop** essential translation techniques

3. **Understand** Korean texts for the purpose of translation

4. **Explore** domain-specific knowledge

5. **Establish** self-directed learning skills to become lifelong learners

cf.) **명사형**으로 시작

1. **Demonstration** of the ability to accurately transfer messages from B language to A language

2. **Development** of essential translation techniques

3. **Understanding** of Korean texts for the purpose of translation

4. **Exploration** of domain-specific knowledge

5. **Establishment** of self-directed learning skills to become lifelong learners

다른 지문 같은 방식 빈칸 채우기

Q

통역 수업 학습 기대 효과

1. 다양한 영역별 지문을 통역하기위한 통역 기술과 지식 응용

2 통역을 위한 영역별 장르 별 연구수행

3. 원문 분석 능력 입증

4. 도착어(번역물) 평가 및 교정

A

Learning _____ of Interpreting Class

1. _____ interpreting skills and knowledge to interpret texts in a range of domains

2. _____ domain and genre specific research for the purpose of interpreting

3. _____ critical analysis of source texts

4. _____ and _____ target texts(translations)

설명 같은 품사로 통일

답 Outcomes / Apply / Undertake / Demonstrate / Evaluate / edit

---

기억에 남는 표현

그동안 영어로 참 많이도 보고 들었습니다. 그러면서 분야를 불문하고 듣고 본 후에 참 오래전 일인데도 지금까지 머릿속에 마음속에 남아 있는 표현들이 있습니다. 그 표현을 소개하고 싶습니다.

"Prepare for the worst and hope for the best!" – NBC nightly news
"최악을 대비하고 최상을 바란다!" (재난을 예상하고 준비할 때 등장하는 단골 멘트)

"We are resilient. It will only take a long time." – NBC nightly news
"우리는 다시 일어선다. 단지 시간이 좀 오래 걸릴 뿐이다." (재난 후 단골 멘트)

"Your home is where your heart is." – NBC nightly news
"몸이 아니라 마음이 있는 곳이 집." (봉사 활동으로 아프리카에 있는 미국 여대생에게 집이 그립지 않느냐는 기자의 질문에 대한 답)

"Words fail me." – House of Cards
"그 사람을 표현할 말이 없다." (사람을 소개할 때 그 사람에게 맞는 표현을 찾을 수 없다는 최상의 표현)

"I've learned from the best." – Chesapeake Shores
"고수에서 배웠다." (자신에게 뭔가를 가르쳐 준 사람을 언급할 때 쓰는 최고의 표현)

"Children test our patience." – Desperate Housewives
"자녀는 우리의 인내심을 시험해 본다." (부모는 인내심을 가져야 함을 명심 시키는 말)

"I forgot to breathe." – NBC nightly news
"숨쉬는 것도 잊었다." (자신의 제자의 공연을 본 선생님의 표현)

"You blow me away every single day." – NBC nightly news
"당신 때문에 매일 놀란다." (상대의 힘든 노력을 칭찬하는 말)

"Communication and compromise are the essence of marriage." – Gilmore Girls
"대화와 타협이 결혼생활의 기본."

"Pain only makes you stronger." – Black Widows
"고통은 너를 더 강하게 만들 뿐이다."

"The only thing that stops you is you." – Second Act
"너를 멈추게 하는 것은 오직 너 뿐이다." (이런저런 변명 없이 돌진)

"Your command is my wish." – Aladdin
"분부만 내리십시오." (기꺼이 부탁을 들어주겠다는 표현)

"I am the master of my destiny and the captain of my soul." – Nelson Mandela
"내 운명의 주인이며 내 영혼의 선장." (자신의 차의 운전석에 앉기)

"Am I going to do what I am about to do ten years later?" – Steve Jobs
"10년이 지난 뒤 지금 내가 하려고 하는 것을 하려고 할 것인가?" (결정에 후회가

없을지 빅 픽처로 보기)

"Everything does happen for a reason." - Good Witch
"모든 일은 그냥 일어나는 것이 아니라 그럴 만한 이유가 있다."

"Do you want to have a faster result? Work harder!" - a gym slogan
"더 빨리 결과를 얻고 싶다면 방법은 더 열심히 하는 것뿐!"

살아 오면서 많은 힘이 되어 준 말들입니다.

무늬만 다릅니다

한영 번역 수업이 시작되고 학생들이 첫 번역 과제물을 제출합니다. 그러면 제출한 과제물에 대한 피드백을 주고 다음 강의 시간에 번역 시 주의해야 할 내용을 정리해 줍니다. 그 내용은 대부분 다음과 같습니다.

1. 시제(글자가 결정하는 것이 아니라 지문의 시점이 결정)

Ex. 세계 에너지 협회는 세계가 직면한 3대 난제를 정했습니다.

– '정했습니다'는 과거 시제 같지만 이 문장은 과거 내용이 아니라 세계 에너지 협회가 지금 3대 난제를 결정했다는 의미이기 때문에 현재 시제를 씁니다.

[번역] The World Energy Council determined(×) determines(○) three challenges the world is facing.

2. 뒤집기 / 짝 찾기 / 군살 / 동사 찾기 등 구조 문제

뒤집기

Ex. 관계가 소홀해질 수도 있는 점을 보완하기 위해 다양한 노력을 하고 있습니다.

[번역 순서] 다양한 노력을 하고 있다 / 보완하기 위해 / 관계가 소홀해질 수 있다

[설명] '관계가 소홀해질 수 있다'는 문장입니다. 그리고 우리가 필요한 것은 '보완하다'의 목적어입니다. 그러면 '문장'을 '구'로 만들 수 있어야 합니다. 그 방법은 '뒤집기'입니다.

[뒤집기] 관계가 소홀해지다 → 소홀해질 수 있는 관계 → potentially weak relationships

[번역] We are making strenuous efforts in complementing potentially weak relationships.

Ex. 소득과 재산이 일정 금액 이상인 피부양자

[번역 순서] 피부양자 / 가진 / 이상 / 일정 금액 / 소득과 재산

[번역] dependents with more than a certain amount of income and assets

짝 찾기

옆에 있다고 반드시 짝은 아닙니다

Ex. 한국의 지속 가능한 에너지 개발 정책

[설명] '한국'의 짝은? → 한국 정책 / 개발 / 지속 가능한 에너지

[번역] Korean policies for the development of sustainable energy

군살

Ex. 세 번째로 개최되는 회의

[설명] 이 지문의 의미는 무엇일까요? '세번째 회의'라는 뜻입니다.

[번역] the third conference

동사 찾기

Ex. 더 이상의 상황 악화로 이어지지 않기를 바란다.

[설명] '이어지지 않기를'의 의미는 무엇일까요? 한 단어 동사를 찾아야 합니다. 더 이상의 상황 악화를 **막다**는 뜻입니다.

[번역] Hopefully, we will **prevent** this crisis from worsening further.

3. 부적절한 어휘 선택

Ex. 반일 감정이 커지고 있다.

[직역] Emotions against Japan are intensifying.

[설명] **Emotion vs. sentiment**

Emotion) An emotion is a complex reaction of the brain to a stimulus, which is **transitory and fleeting; they are changing constantly**

Sentiment) A sentiment is the combination of emotion and thought, which is **lasting.**

즉, emotion은 일시적으로 발생하고 다른 emotion으로 바뀌는 반면, sentiment 는 생긴 emotion이 고정되는 것입니다. 그러니 한국어는 '감정'이지만 이 경우는 'sentiment'가 됩니다.

[번역] Anti-Japan sentiments are intensifying.

4. 불가산 명사(UC) vs. 가산 명사(C)

Ex. 이번 행사로 사업 기회를 모색하며 투자를 확보하고 새로운 시장에 접근하시기 바랍니다.

설명 '사업'과 '투자'는 각각 불가산 명사와 가산 명사 두 가지로 쓸 수 있습니다.

business(UC): 사업

Ex. 함께 사업하고 싶습니다.

번역 I hope to do business with you.

a business or businesses(C): 회사, 사업체

Ex. 그녀는 사업체 몇 곳을 운영하고 있다.

번역 She runs several businesses.

investment(UC): 투자

Ex. 그 회사에 투자할지(말지) 생각 중이다.

번역 I am considering making investment in the company.

an investment or investments(C): 투자액

Ex. 대북 투자가 줄어들 것 같다.

설명 북한에 대한 투자는 시작되었고 투자액이 줄어들 것이라는 의미.

번역 Investments in the North are likely to decline.

Ex. 이번 행사로 사업 기회를 모색하며 투자를 확보하고 새로운 시장에 접근하시기 바랍니다.

번역 I hope that this event will enable you to explore business, investment and untapped markets.

5. 문법 오류

Ex. Because it happened.

설명 because 절은 종속절이므로 반드시 주절과 함께 써야 합니다.

번역 Because it happened, **I couldn't go.**

Ex. It happened, however, I could go.

[설명] however는 부사이기 때문에 두 문장을 연결할 수 없습니다.

[번역] It happened, **but** I could go. / **Although** it happened, I could go.

6. 부정관사 / 정관사 / 전치사 문제

부정관사

cause crisis → cause **a** crisis

[설명] crisis는 가산 명사이기 때문에 관사가 필요합니다.

정관사

Ex. 새로운 시장을 개척하다.

[설명] 새로운 시장은 어딘지 알 수 없기 때문에 대상을 지정하는 the를 쓸 수 없습니다.

[번역] Access a new market. / Access new markets.

전치사

Ex. 고등 교육의 변화를 가져오다.

[설명] 명사마다 정해진 전치사가 있습니다.

[번역] Bring a **shift** of (×) **to** (○) higher education.

Ex. 정부에 **대한** 국민의 신뢰

[번역] Public **trust** about(×) **in** (○) the government.

이와 같이 총평을 합니다. 그리고 그 다음 강의 시간이 됩니다. 어떤 번역 피드백 총평을 하게 될까요? 다른 지문이니 전혀 다를까요? 지문 내용만 다르지 시제, 문장 구조, 어휘 선택 오류 등 카테고리는 똑같습니다. 그러니 번역 오류를 줄이기 위한 가장 효과적인 방법은 번역 후 위의 카테고리에 따라 차례로 사전을 참고하면서 자신의 번역을 점검해 보는 것입니다.

다음은 이런 유형들을 정리한 내용입니다.

1. 관사

관사는 오류가 많습니다. 캐임브리지대학교 경제학과 교수로서 여러 저서를 영어로 출간한 장하준 교수님이 생각납니다. 자신이 쓴 영어 원고를 원어민 친구들에게 보여 주면 늘 돌아오는 반응은 잘못된 관사 사용에 관한 경우가 소금을 공중에서 뿌리듯 한다고 합니다.

먼저 가장 큰 문제의 원인은 '어휘 책'입니다. 어휘 책은 '단어'만 담고 있습니다. 예를 들면 'economy(경제)'입니다. 그래서 꼭 'the economy'로 써야 한다는 것을 알 수가 없습니다. 반기문 전 유엔 사무총장님이 대학원 진학 때 처음 미국에서 공부를 시작하셨는데도 통역사 없이 사무총장직을 연임하실 수 있었던 것은 고등학교 시절 어휘책을 암기한 것이 아니라 《타임》지를 암기한 덕분입니다. 그러니 관사에 강해지는 학습 방법이 필요합니다. 물론 문법책에 관사 용법이 있기는 하지만 실제는 그것만으로 부족한 더 다양한 패턴이 있습니다.

가장 좋은 방법은 '영문 관찰'입니다. 영어 지문의 관사를 형광색으로 표시해 보고 같은 명사인데도 왜 어떤 곳은 a/an을, 어떤 곳은 the를, 그리고 어떤 곳은 무관사인지를 생각해 보고 문법책을 찾아보는 역주행 학습이 가장 효과적입니다.

the의 무게

① 'What is **the** time?' vs 'What is time?'

전자는 '시간이 있느냐?'이고 후자는 '시간이란 무엇인가?'입니다.

② 검색 결과 비교

약 1,810개 - Incentive policy instrument to prompt innovation of the business organization.

약 114,000개 - Cycles of idealism and realism prompt **the** innovation of the business organization.

검색 결과가 크게 차이 나는 이유는 '명사 of 명사 구조'에서는 앞 명사에 the를 많이 붙이기 때문입니다.

관사를 자신 있게 잘 쓰지 못합니다. 하지만 오늘은 그렇다고 해도 내년도 그럴지 혹은 아닐지는 나 자신에게 달려 있습니다. 자신 있게 관사를 사용할 수 있는 학습 방법을 안내해 드립니다.

1. 영문을 볼 때마다 관사를 유심히 보기

2. 아래와 같이 영문에서 관사를 체크해 보면서 왜 쓰였는지 / 왜 안 쓰였는지 생각해 보기

Key to success: Grit

When I was 27 years old, I left **a** very demanding job(**첫 등장 + 가산 명사**) in management consulting for **a** job (**첫 등장 + 가산 명사**) that was even more demanding: teaching. I went to teach seventh graders math in **the** New York City public schools(다른 곳이 아닌 **뉴욕 공립 학교들 - 정해져 있음**). And like any teacher, I made quizzes and tests. I gave out **homework**(**불가산 명사**). When **the** homework(앞의 **homework의 재등장**) came back, I calculated their grades. What struck me was that some of my strongest performers did not have stratospheric I.Q. scores. Some of my smartest kids weren't doing so well. After several more years of teaching, I came to **the** conclusion that(**that 절의 제한**을 받을 때) we know how to measure best is I.Q., but what if doing well **in school**(관사를 안 쓴 이유 - '학교 건물'이 아니라 **수업**) and in life depends on much more than your ability to learn quickly and easily? That is grit!

(Source: *Grit: The power of passion and perseverance*, by Angela Lee Duckworth)

grit vs. gratification

grit은 목표를 이룰 때까지 집중하는 끈기이고, gratification은 목표는 있지만 순간의 만족을 택하는 것입니다. 오바마 전 대통령의 단골 주제어 중 하나이기도 했습니다. 우리가 알고 있는 많은 위인들이 처음부터 위인으로 태어난 것은 아닙니다. 삶의 중도에서 만난 위기 앞에서 좌절하지 않고 맞서면서 위인이 된 것입니다. 그렇듯, 목표를 이루는 힘도 처음부터 있는 것은 아닙니다. 삶의 중도에서 세운 목표를 부단히 이루려고 노력하면서 길러지는 것입니다.

항상 the를 함께 쓰는 명사

한국 경제: the Korean economy

정부: the government

중앙은행: the Central Bank

환경을 보존하다: conserve the environment

cf.) 탄력 경제 등 새로운 용어로 쓰게 되면 처음에는 a resilient economy로 쓰고, 의미가 정착되고 나면 the resilient economy라고 씁니다.

cf.) '환경'이 자연을 뜻하는 게 아닐 경우에는 a/an을 씁니다.

– 교육 환경: an education environment

Ex. 세계 경제가 불안정하지만 해외 투자자들은 계속해서 중국에 대한 투자를 늘리고 있습니다.

번역 Although **the** global economy is unstable, foreign investors continue to increase their investment in China.

"정말 어려웠습니다."

학생이 번역을 제출하면서 남긴 말입니다. 저는 다른 때에 비해 비교적 쉬운 지문이라고 생각해서 '다른 때에 비해 쉬웠다'고 할 줄 알았는데 의외였습니다. 그러면서 제가 처음 번역을 공부했을 때가 생각이 났습니다. 번역 실력을 늘려 보려고 참 열심히 했습니다. 그때 제가 선택한 학습 자료는 코리아 헤럴드 신문에 같이 오는 영문 학습지였습니다. 1면에 신문 기사 한 문단마다 한국어 번역이 나오고 2면에는 한국어 지문이 영어로 번역되어 있었습니다.

그 학습지 한 장을 시간이 허락하는 한 매일 영어는 한국어로 한국어는 영어로 번역해 봤습니다. 문제는 그렇게 했는데도 그리고 시간이 많이 흘렀는데도 여전히 새로운 지문을 볼 때마다 어떻게 해야 좋을지 모르겠고 생소하고 늘 처음 번역 공부를 하는 것 같았습니다. 많이 낙담했습니다. 그래도 그만두고 싶지 않았고 잘해 보고 싶은 마음이 컸기 때문에 많이 고민했습니다. 그러나 누구도 저의 고민을 해결해 주지는 못했습니다. 그래서 바라는 대신 제가 터득하기로 마음먹었습니다.

그때 저의 번역 방식은 한국어 지문을 보면서 '글자 찾기'였습니다. '은' '는' '이' '가'가 붙어 있는 단어를 주어로, '문장 끝 단어'를 동사로 '을' '를'이 붙은 단어를 목적어로 하는 식이었습니다. 지금 생각해 보면 한국어와 영어의 구조가 너무나 달라 문장이 길어질수록 불가능한 일인데, 그때는 몰랐습니다.

그래서 번역을 하는 대신 영어와 한국어 구조를 비교 관찰하기 시작했습니다. 그랬더니 '은' '는' '이' '가' '을' '를' 같은 조사는 번역의 장애물이라는 것을 알게 되었습니다. **번역할 때 고려 대상이 아니라 제거 대상**이라는 것을 알게 되었습니다.

그때를 시작으로 지금까지 터득한 게 참 많습니다. 결론을 간단히 정리하면 번역은 한국어 지문의 '글자 찾기'가 아니라 한국어 지문이 전달하려는 '의미 찾기'입니다.

Ex. 새로운 에너지 기술로 에너지 시장이 빠르게 변화하고 있다.

[빅 픽처] 새로운 에너지 기술이 에너지 시장을 빠르게 변화하고 있다

[번역] New energy technology has revolutionized the energy market.

Ex. 내가 안 갔으면 좋겠니?

[설명] 안 갔으면 → 이대로 있으면

[번역] Do you want me to stay?

2. 전치사

한국어 지문에 '~에 관한' 표현이 많기 때문에 영어도 on을 많이 쓰는 경향이 있습니다. 하지만 영어는 이런 경우 of를 쓰는 경우가 많고 또한 **명사는 짝꿍인 전치사**가 있습니다. 그래서 오류가 많습니다.

Ex. 해양 생물에 **관한** 이해 / 지식

[번역] have a profound understanding **of** / knowledge of sea dwellers

명사 뒤에 붙는 짝꿍 전치사들입니다.

Ex. 고등 교육**의 변화**

[번역] change of in / to higher education

Ex. 삼성의 경영진 **변화**

[설명] (삼성을 변화시킨 것이 아니라 삼성이 경영진을 변화시킨 것입니다.)

[번역] **change** of Samsung **in** management

Ex. 지식 기반 사회에 **필요한** 교육

[번역] education **required** in **for** the knowledge-based society

Ex. 긴급 제동 시스템**의** 소프트웨어 결함으로 비행기가 결항되었다.

[번역] Flights were cancelled due to a software glitch in the emergency brake system.

→ '~의'는 자동적으로 of로 번역합니다만, 명사마다 짝꿍인 전치사가 있습

니다. glitch of (×) glitch in (○)

Ex. 정부에 대한 신뢰

[번역] trust for the government → trust **in** the government

3. 가산 명사 / 불가산 명사

- 가산 명사(Countable nouns - C로 표기)

[설명] 가산 명사는 a/an 혹은 the + 가산 명사의 형태를 가집니다. issue라는 단어를 예를 들면 첫 등장일 때는 an issue로, 재등장일 경우엔 the issue로 씁니다. 또는 필요에 따라 복수형인 issues를 반드시 써야 합니다. 얼핏 보면 쉬운 것 같지만 정확하게 지켜지지 않는 경우가 많습니다.

Ex. 공정 무역이 최근 이슈가 되고 있다. 참여자 간의 이익 분배 문제가 걸려 있기 때문이다.

[번역] Fair trade has been **a recent issue** because the issue is critical to sharing gains among stakeholders.

Ex. 이 보고서는 대학생들이 작문 작성 시 문제 해결을 위해 취하는 전략을 알아보고자 한다.

[번역] The purpose of this report is to identify the strategies college student(s) take to solve problems in composition.

[설명] student는 가산 명사이므로 '관사 + 단수 명사' 혹은 '복수형 명사'로 써야 합니다.

- 불가산 명사(Uncountable nouns - UC로 표기)

[설명] 불가산명사는 a/an을 붙이거나 복수형으로 쓸 수 없고 두번째 사용부터는 the만 같이 쓸 수 있습니다.

cf.) progress

Ex. 사물 인터넷이 크게 발전하고 있다. 이는 대기업들의 왕성한 투자 덕분이다.

[번역] We have made a(×) great progress in the IoTs. The progress is made possible thanks to large companies' heavy investment.

– 가산 / 불가산 겸용 명사

[설명] 많은 명사가 가산 명사로도 불가산 명사로도 겸용하여 쓰입니다. 그래서 혼동을 주지만 알고 보면 그 경계선은 분명합니다. 즉, 같은 명사가 'act'의 추상적 개념으로 쓰일 때는 '불가산 명사'로, 그 'act'의 결과물일 때는 '가산 명사'로 쓰입니다.

cf.) 'carbon emission'과 'carbon emissions'의 차이점

– 물론 carbon emission은 emission이 불가산 명사로 쓰였고 carbon emissions은 가산 명사로 쓰였습니다. 그 차이점은 위의 경계선에서 제시한 'act와 그 결과물'로 생각하면 됩니다.

– carbon emission(탄소 방출) / carbon emissions(탄소 방출량)

– 탄소 방출 쿼터제: carbon emission quotas (탄소를 방출하느냐 하지 않느냐의 관점)

– 탄소 방출량 감소를 목표로 하다: set a goal of alleviating carbon emissions(탄소 방출을 하되 방출량이 얼마인지의 관점)

cf.) development(발전) / developments(발전된 결과들)

Ex. 우리는 경제 발전을 이룩해야 한다.

번역 We should make economic development.

Ex. 세계 동향을 살펴보아야 하겠습니다.

번역 We will monitor global developments(=trends/changes).

– 더 이상 발전/개발의 의미가 아니기 때문에 부정적인 의미로도 사용 수
있습니다.

Ex. 회사는 **부정적인 변동 사항**도 공개해야 한다.

번역 Companies should disclose **unfavorable developments**.

언제까지 배워야 할까

텔레비전을 보면 많은 명인들이 나옵니다. 김치 담그기의 명인, 보도블록 놓기의
명인 등 다양한 명인들입니다. 그런 명인들끼리 때로는 경합을 벌이기도 하고 차
례로 자신의 솜씨를 보여 주기도 합니다.

한번은 '어향 간장'을 만드는 장면이 보았습니다. 이에 사회자가 이미 간장을 만들
어 선보이고 착석했던 70대의 명인에게 '명인도 만들어 보신 적이 있습니까?'라는
질문을 했습니다. 자신도 생멸치나 생조기를 넣어 만들어 본 적이 있고 만든 후
3년이 지나야 간장 맛을 볼 수 있다고 했습니다.

하지만 '어향 간장'을 30분 만에 만들어 내자 그 맛을 보면서 왜 자기는 3년씩이나
걸려서 했는지 모르겠다며 죽을 때까지 배워야 한다는 말을 했습니다. 물론 그 명
인이 요리를 처음 했던 때는 지금과 같은 식재료는 생각도 할 수 없었기 때문에
그때 배운 방법 그대로 계속 해 올 수밖에 없었습니다. 하지만 세상이 달라졌으니
더 쉽고 잘할 수 있다면 그 방법도 터득해야 한다고 생각합니다.

그 장면을 보면서 늘 학생들이 제게 했던 질문이 생각났습니다. '어떻게 하면 그
리고 언제 통번역을 잘할 수 있게 되나구요?' 다른 교수님께도 질문을 드렸는

데 '꾸준히 노력하면서 시간이 가면 된다'는 답변이 공통적인 반응이라 말하면, '과연?'의 표정을 짓곤 합니다.

제 대답도 별반 다르지 않습니다. 다만 한 가지 더 얹자면 잘하고 싶다면 그 일을 계속할 때까지는 나만의 속도로 계속 공부하고 암기해야 한다는 것입니다. 그런 표현을 그런 구조를 몰라서가 아니라 더 좋은 표현 더 좋은 구조, 더 다양한 표현 더 다양한 구조로 일을 하고 싶기 때문입니다.

어제와 같이 오늘도 내일도 보면서 들으면서 유용한 구조와 표현을 암기했고 암기하며 암기할 것입니다. 내가 더 잘하고 싶으니까요.

4. 시제

다음은 한 사람의 번역입니다. 지문의 내용은 같은 현재 시점임에도 첫 문장은 '미래' 그 다음은 '과거' 마지막 시제는 '현재완료'가 되었습니다. 모두 한국어 지문의 표현을 따라갔기 때문입니다. **시제**는 한국어 지문 글자가 아니라 **지문의 시점**이 결정합니다. **시제**는 한국어 지문 내용이 아니라 **'시간'이 결정**합니다.

Ex. 디지털 사회가 될수록 오프라인 일자리가 **감소하는** 만큼 적극적인 대응이 필요한 상황입니다. 디지털 뉴딜의 핵심 사업인 '다양한 데이터 수집 및 가공'은 약간의 교육만으로도 충분히 수행할 수 있는 일자리로 기존 오프라인 종사자들이 이러한 일자리로 전환되도록 교육하는 내용도 **담았습니다.** 또한, 디지털 격차 해소를 위한 교육 센터 운영 과정에서 디지털 교육 강사 및 서포터즈와 같은 일자리도 새롭게 **생길 수 있습니다.**

번역 Digitalization **will lead to a decrease** in offline jobs, so we need to

284

proactively address the digitalization-induced labor market disruption. We also **included** plans for retraining offline workers to shift to the field of 'processing and combining of diverse data,' which is at the core of the Digital New Deal and only requires basic skills. In addition, we **have included** support measures such as support for business change for the underprivileged and vulnerable who may suffer from the economic and social transformation, such as those in the energy sector.

영어는 시제 표현이 다양합니다. 그래서 한국어 지문에 나온 대로 시제를 쓰면 같은 시점인데도 현재 시제로 썼다가 과거 시제로 썼다가 하는 것입니다. 그중 가장 많이 틀리는 시제가 '완료'입니다. 한국어에는 '완료' 시제가 없습니다. 그래서 한국어 지문대로 하면 '~했다'로 끝나는 경우가 많기 때문에 대부분 과거형을 쓰게 됩니다.

하지만 시제는 '시제'라는 글자 그대로 '시간이 결정하는 것'이지 문장의 글자가 결정하는 것이 아닙니다. 영어 시제는 **과거부터 현재까지 계속**은 **현재 완료**로 **지금 하는 것**은 **현재 시제**로 해야 합니다.

Ex. 호우로 야구 경기가 취소되었다.

설명 한국어 문장대로 '과거'로 쓰면 맞는 것 같지만 '과거 시제'는 과거의 사실을 기술한 것입니다. 야구 경기가 취소 후 지금은 개최 중일 수도 있습니다. 그래서 계속 경기가 취소되고 있음을 나타내려면 현재까지 계속의 의미인 '현재 완료'를 씁니다.

번역 The baseball game was cancelled over heavy rain. → The baseball game has been cancelled over heavy rain.

Ex. 우리 병원은 국가와 지역 사회의 발전에 이바지하고 있습니다.

[설명] '지금'만 기여하는 것이 아니라 설립 이래 '계속'해서 이바지하고 있다는 의미입니다.

[번역] Our Hospital is contributing to national and communal development → has contributed

Ex. 2014년 비트코인 거래소들이 해킹을 당했다.

[설명] 지문의 2014년, last year, yesterday, three months ago 등 명백한 과거 시점이면 항상 '과거 시제'를 씁니다.

[번역] Bitcoin exchanges had been hacked in 2014. → Bitcoin exchanges were hacked in 2014.

다른 지문 같은 방식 빈칸 채우기

Q1 사고 원인은 밝혀지지 않았다.

A1 The cause of the accident _____ identified.

Q2 연구 주제는 다음 과 같다.

A2 Research topics _____ as follows:

Q3 2013년 비트코인 가격이 13달러에서 1160달러까지 올랐다.

A3 The Bitcoin price _____ from $13 to $1,160 in 2013.

Q4 몇몇 배우들이 그 행사에 참여하지 않겠다고 알려졌다.

A4 Some movie stars __ ____ not to attend the event.

Q5 시위대들은 소셜 미디어를 이용해 시위 장소를 변경하고 있습니다.

A5 Protesters _____ social media networks to relocate their protests.

Q6 신규 실업 보조금 청구 건수가 75만입니다. 이 수치는 지난 3월에 비해 대폭 상승한 것입니다.

A6 New applications for unemployment support reached 751,000 cases. Compared to March, the figure _____ steeply.

Q7 중국의 생태환경부 장관은 미국의 존 케리 기후 특사가 중국을 방문해 중국과 미국의 향후 기후 변화 대응 방안에 대해 함께 논의했다고 밝혔습니다.

A7 The Chinese Minister of Ecology and Environment announced that he _____ future US-China measures to alleviate climate change with John Kerry, the US Special Presidential Envoy for Climate, who visited China.

설명

Q1 과거의 사고 발생 시점부터 지금까지 밝혀지지 않고 있다. – 현재완료

답 has not been

Q2 '다음과 같다'가 과거 같지만 '연구 주제'를 소개하고 있으니 현재 시제

답 are

Q3 2013년이 과거이므로 과거 시제

답 rose

Q4 '알려졌다'는 과거형으로 보입니다. 하지만 '의미'가 '현재 배우들의 입장' 입니다. 그래서 현재 시제가 되어야 합니다.

답 are said

Q5 시위대들은 소셜 미디어를 이용해 시위 장소를 변경하고 있습니다.

설명 언뜻 보기는 '진행형' 같지만 소셜 미디어 이용도 장소 변경도 한 번의 행동이 아니라 여러 번 반복되고 있어 '현재 완료' 시제가 필요합니다.

답 have used

Q6 신규 실업 보조금 청구 건수가 75만입니다. 이 수치는 지난 3월에 비해 대폭 상승한 것입니다.

설명 지난 3월부터 지금까지 상승한 것이니 '현재 완료' 시제

답 has risen

Q7 중국의 생태 환경부 장관은 미국의 존 케리 기후 특사가 중국을 방문해 중국과 미국의 향후 기후 변화 대응 방안에 대해 함께 논의했다고 밝혔습니다.

설명 announced(과거) → 발표 전 논의했음 → 과거 완료 시제

답 had discussed

5. 동사

한국어 지문은 다른 표현이지만 같은 의미일 때가 많습니다. 또한 의미 없는 단어들이 들어간 지문도 많습니다. 영어로 표현할 때 정리해야 하는 부분입니다.

'기여하다'라는 표현을 예로 들어 보겠습니다.

'~할 것이다'고 하면 되는 것을 '환경 **보호**에 기여할 것이다(환경을 **보호할 것이다**)' '국민의 삶의 질을 **높이는 데** 기여할 것이다(국민의 삶의 질을 **높일 것이다**)' '암 **예방**에 기여할 것이다(암을 **예방할 것이다**)' 등과 같이 씁니다.

이때 보통 '기여하다'를 contribute to 이외에 어떻게 다른 표현을 쓸지 고민합니다. 하지만 해결책은 좀더 근본적인 곳에 있습니다.

Ex. 조기 검진으로 암 예방에 기여하겠습니다. (암을 예방할 것이다)

번역 Early detection will prevent cancer.

Ex. 한국대학교는 "평생 교육의 선도적인 역할을 할 것을 **자임하고**, 고등 교육의 보편화에 **기여하며**, 고등 교육의 개혁에도 **일조를 한다**"는 사명감에서 설립된 학교입니다.

설명 '자임하고' '기여하며' '일조를 한다'는 같은 의미입니다. 다른 표현을 찾는 대신 '한 개의 동사 + 3개의 목적어'로 번역하는 것입니다.

번역 Hankook University has **played a leading role in** lifelong education and universal access to and reform in higher education.

다른 지문 같은 방식 빈칸 채우기

빈칸을 채워 보세요.

Ex. 이를 위해 이 보고서는 기술 기획의 현황을 분석하였고, 타 기관의 기술 기획 체계를 살펴보았다.

[번역] To this end, the paper _____ the current status of technology planning and other agencies' similar systems.

- 분석하였고 / 살펴보았다 → 같은 의미

[답] **analyzes**

'status(상태)' 어디까지 가능할까?

재학증명서를 제출하시기 바랍니다.
Please submit the **enrollment status** paper.

이 보고서는 기술 기획의 **현황**을 분석하였고, 타 기관의 기술 기획 체계를 살펴보았다.
the paper analyzes the current **status** of technology planning and other agencies' similar systems.

보고서는 한국에서 여성들이 **어떻게 평가되고 있는지를** 조사했다.
The report investigated the **status** of women in Korea.

그들이 백신 접종을 **했는지 안 했는지 모른다.**
We don't know their vaccination **status**.

그가 신상에 관한 내용을 기재할 때 실수로 결혼 **여부**를 잘못 입력했다.
When he first registered his details, he mistakenly entered his marital **status**.

한 나라의 의료 서비스가 **어느 정도 발달했는지는** 그 국가의 개발 정도와 비슷하다.
A health **status** of a nation parallels development of the nation.

화재가 **어느 정도 진압되었는지** 알려주기 바랍니다.
Tell us about the **status** of the fire.

서울은 한국의 수도로서 특별한 **중요성**을 지니고 있다.

Seoul is the capital of Korea that has a special **status**.

6. 어휘 오류

① 의미 차이로 인한 오류

코비드19 확진자가 발생하면 '동선 파악'이 시작됩니다. 이에 해당하는 영어 표현은 contact tracing과 contact tracking 중 어느 것일까요? 답은 contact tracing입니다. trace는 현재에서 과거로 track은 현재에서 미래로 추적한다는 차이가 있기 때문입니다.

I will trace down a source of the rumor.

그 소문의 출처를 밝힐 것이다. (현재에서 과거로)

I will track down one of my college friends.

대학 동창 한 명을 찾아보겠다. (현재에서 미래로)

우리는 같다고 생각하지만 용례가 다른 단어의 오류도 많고 단어 의미를 잘못 이해한 오류도 많습니다. 그동안 번역에서 많이 보았던 이런 오류를 초래하는 단어들, 학생들이 질문했던 단어의 차이들을 예시를 통해 살펴보겠습니다.

Ex. 시장을 선점하다

[번역] preoccupy the market → dominate the market

[설명] preoccupy는 '집착하다'의 의미

Ex. SK텔레콤(주) 등과 협업으로 추진된다.

[번역] under the cooperation of → in partnership with

[설명] '정부'와 협업은 in cooperation with / '기업'과 협업은 in partnership with

② 글자를 그대로 번역하여 생기는 오류

Ex. 국회가 유권자들의 투표 **조건**을 강화하는 법안을 잇달아 통과시켰다.

[번역] The National Assembly passed many bills to strengthen voters'

condition → eligibility requirements.

[설명] 한국어는 '조건'이지만 의미는 '(유권자) 자격' 강화

희소식

번역 수업은 학생들의 번역을 비교하며 수업이 진행됩니다. 어느 날 수업 중 그날 발표를 맡은 학생이 발표 준비를 하면서 다른 원우들이 자신은 생각하지 못했던 좋은 표현들을 쓴 것을 보고 부러웠다고 했습니다. 그 말에 저는 그 학생이 처음부터 그 표현을 안 것은 아닐 것이라고 했습니다. 그 학생도 과거의 어느 순간 혹은 번역 과제를 하면서 알게 되었을 것이라고 했습니다.

저도 몰랐습니다. 지금은 많은 표현들이 줄줄이 사탕처럼 나오지만 저도 마찬가지로 과거 어느 순간에 암기했던 것입니다. 과거 어느 순간에 더 잘하고 싶은 마음으로 암기하지 않았다면 지금 그 많은 표현을 알고 있지 못했을 것입니다.

그래서 수업 시간에 학생들에게 다양한 표현을 알려 줄 때면 '희소식'이 있다고 합니다. 그 희소식은 '저도 처음부터 안 것은 아니었다'입니다.

'디지털 기술의 발전이 노동자를 대신하고'에서 '대신하고'가 몇 번 나와도 replace

만 계속된다면 번역은 재미없습니다. '대신하고'의 '의미'를 읽어 그야말로 '대신할 수 있는' 다른 표현을 구사할 수 있게 되면 통번역이 재미있어집니다.

그러면 '디지털 기술의 발전이 노동자를 대신하고'의 의미는 무엇일까요? '디지털 기술로 노동자가 일자리를 잃게 된다'일 겁니다. 즉, Due to the development of digital technology, workers have lost their jobs, 혹은 'digital technology'를 주어로 Digital technology has taken away jobs, 혹은 Digital technology has caused job losses로 다양하게 번역할 수 있게 되면 이렇게 재미있는 언어 놀이도 없습니다.

7. 군살

군살은 누구나 싫어하지만 한국어 지문에 아주 많이 있습니다. 문제는 이 '군살' 때문에 소통도 안 되고 전달도 안 되는 것입니다. 불필요한 것이 막고 있으니 필요한 것이 잘 보이지 않습니다. 하지만 우리는 한국 사람이어서 이 군살에 아주 익숙합니다. 그래서 군살인지 모르고 다 번역하는 경향이 있습니다.

정리하면 **의미 전달에 불필요한 단어**는 다 **군살**입니다.

Ex. 과대한 포장은 자원의 낭비를 초래한다.

[번역] Excessive packaging causes waste of resources. → Excessive packaging wastes resources.

[설명] 주어: 과대한 포장 / 동사: 과대한 포장은 자원을 어떻게 할까?

보통 '초래한다'를 동사로 사용합니다. 그렇게 되면 '초래하다'가 주동사로 강조가 되지만 이 문장은 '낭비'가 강조되어야 합니다. 그럼으로 군살은 '초래하다'입니다. 군살은 좋은 번역을 막는 가장 큰 장애물입니다.

Ex. 점차 고령화 되어 가는 사회적 문제에 적극적으로 기여하기 위해 여러 제도를 도입했습니다.

[번역1] We have adopted multiple systems to help ~~Korea's worsening issue of a fast aging society~~ to respond to an aging population.

[번역2] We have adopted multiple systems ~~in a contribution~~ to respond to the aging society.

[번역3] We have adopted multiple systems to actively ~~contribute~~ to respond to the ~~problem of the gradual~~ an aging society ~~in 2002~~.

[번역4] We have adopted multiple systems in response to ~~the concerns~~ about the aging society.

[설명1] 고령화 되어 가는 사회적 문제 → '고령화 사회'입니다

[설명2] 문장 중 '기여하다'를 글자 그대로 번역하면 '고령화 사회 문제'를 증폭시킨다는 반대 의미가 되기 때문에 주의해야 합니다. → '대응하다'로 번역

Ex. 시 당국은 사랑의 자물쇠를 걸지 않을 것을 촉구하며 대신 셀카를 찍어 웹사이트에 올려 달라고 요청했다고 합니다.

[교정] The city has asked ~~not to hang love padlocks but~~ people to take ~~selfies and~~ upload them selfies on its website **instead of / in place of love padlocks.**

[빅 믹처] 자물쇠 대신 셀카 사진 올리기

[군살] '(사랑의 자물쇠를) 걸지 않을 것'과 '(셀카를) 찍어' / '촉구'와 '요청'은 같은 의미 → 택일 / '셀카를 찍어 올려 달라'의 의미: 셀피를 올려 달라

[번역] The city has asked people to upload selfies on its website instead of love padlocks.

'instead of(대신에)' 어디까지 가능할까?

표현을 늘리는 방법을 소개합니다.
instead of를 '~를 대신하다'로만 기억하기보다는 '~라기 보다는/~가 아니라'로 기억하면 잘 쓸 수 있습니다.

캐논은 새로운 제품 홍보**보다는** 20~30대와의 쌍방향 소통에 더 주력해 왔다.
Instead of promoting new products, Canon has focused on interactive communication with consumers in their 20s and 30s.

고객이 이미 알고 있는 욕구가 **아니라** 미처 깨닫지 못한 욕구를 일깨워 지금까지 없었던 새로운 시장을 만들어낼 수 있어야 합니다.
Untapped markets should be explored by stimulating unconscious desire **instead of** conscious needs.

회사의 지속 가능한 성장을 위해서는 이러한 혁신이 일회성이 **아니라** 일상적이어야 한다는 점이 강조되고 있습니다.
Instead of temporary innovation, consistent innovation is critical to developing sustainable growth for companies.

Ex. 우리는 지속적인 연구와 의료 분야의 전문가 양성에 이바지하고 있습니다.

[교정] We have contributed to conducting relentless research and nurtur~~ed~~ ing experts in the fields of medical treatment.

[설명] 이 지문은 보통 '이바지하고 있다'를 동사로 하기 쉽습니다만 군살입니다. '전문가 양성'의 '양성'이 동사입니다.

번역 We have nurtured experts for relentless research and health care.

다른 지문 같은 방식 빈칸 채우기

Q 정부는 새로운 환경 정책이 환경 보호에 기여하기를 바라고 있다.

A The government hopes that a new environmental policy will _____
the environment.

– 환경 보호에 기여하다 → 환경을 보호하다

답 protect / enrich

'contribute to(기여하다)' 어디까지 가능할까?

한국어 지문에 나오는 '기여하다'는 군살일 때가 많습니다. 그러면 contribute to
는 쓰지 않아야 하는 것일까요? 아닙니다. '기여하다'를 떠나 한국어 지문의 다양
한 표현에 해당되는 아주 유용한 표현입니다.

K드라마도 한복 홍보에 **좋은 무대가 되고 있다.**
K-dramas also **contribute to** the promotion of Hanbok.

의견 있으십니까?
Do you have something to contribute?

의견 감사드립니다.
Thank you for your contribution.

안전하고 높은 삶의 질을 누리는데 '스마트시티'가 **든든한 역할을 할** 것입니다.
Smart cities will **make a great contribution to** ensuring safe and quality life.

이 정책은 우리 아이들의 건강하고 넉넉한 미래를 **만들어 가는 것입니다.**

This policy **contributes to** creating a healthy and prosperous future for our future generation.

LG가 이번 일로 자사의 전기차 배터리 관련 정보가 유출**되었다고** 주장했다.
LG claimed that this move **contributed to** the exposure of confidential information on its electric batteries.

신규 실업 청구 건수가 상승한 이유는 신규 실업자들이 늘고 있는 추세를 **반영한 것으로** 분석되고 있습니다.
The number of unemployed is slowly rising, which officials say **contributes to** many applications for unemployment aid.

지원자 수 감소에 몇몇 요인이 **관련되어 있다.**
Several factors are **contributing to** the fall in the number of applicants.

이 협정은 국익에 부**합**되지 않는다.
This agreement doesn't **contribute to** national interest.

지난 한 해 우리 국민들의 **참여로** 많은 일회용품이 줄었습니다.
Korean citizens **contributed to** reducing disposables last year.

그동안 경제계의 노력이 경제 회복으로 **나타나고 있습니다.**
Ongoing efforts made by economic circles have **contributed to** economic recovery.

한국관광공사는 해외 출판 지원 사업이 해외 출판사의 한국 여행 간행물 기획, 출간을 늘리는 **효과가 있을** 것으로 기대하고 있다.
According to the KTO, the project to support overseas publishing will **contribute to** increasing Korean tourism publications planned and issued by overseas publishers.

8. 짝 찾기

한국어 표현이 길어지면 보통 한국어에서 영어로 글자만 바뀔 뿐 한국어 구조는 그대로입니다. 하지만 반드시 해야 할 번역 스킬이 '짝 찾기'입니다. 방법은 의미를 따지는 것입니다.

Ex. 새로운 희망의 메시지
`번역` a new message of hope

이 방법은 단체나 회의 등 고유 명사의 번역에도 많이 적용됩니다.

Ex. 한국건강관리협회
`번역` Korea Association of Health Promotion

Ex. 회사 발전을 위해 혁신은 일회성이 아니라 일상적이어야 한다.
`설명` '혁신'의 짝은? → 일회성/일상적 (×) 일회성 혁신/일상적 혁신 (○)
`번역` Instead of temporary innovation, consistent innovation is critical to developing our company.

9. 중복되는 주제어

한국어는 같은 단어를 계속 반복하고 **영어는 계속 새로운 표현**을 씁니다. 보통 주제어가 그렇습니다. '당뇨병'에 관한 지문이면 '당뇨병'이 수도 없이 나오니까요. 좋은 번역이 되려면 그 '당뇨병'을 한국어 지문대로 따라 쓰는 것이 아니라 표현을 바꾸는 연습을 해야 하고 이 또한 영어 지문을 관찰하는 데에서 답을 얻을 수 있습니다.

Ex. 만성 질환 중에서도 **당뇨병**의 부담이 가장 큽니다. **당뇨병**을 극복하기 위해서는 여기 모이신 분들의 역할이 매우 크고 중요합니다. 한국도 **당뇨 질환**을 매우 심각하게 받아들이고 있습니다. 특히, 세계에서 가장 빠른 고령화 추세와 결합되어 **당뇨병**은 한층 더 부담스럽게 다가오는 도전입니다.

[교정] **Diabetes** put the heaviest burdens on all of us among chronic diseases. To cure diabetes (**the disease**) all of you in attendance should play a significant and crucial role. The Korean government is also taking diabetes (**this challenge**) seriously. Diabetes (**It**) is burdensome as Korea has shown the fastest aging trend.

'challenge(도전하다)' 어디까지 가능할까?

이는 **쉬운 과제가 아닙**니다.
This is a **challenge**.

기후 변화로 인한 식량 위기마저 **매우 심각합니다**.
The climate change-induced food crisis is challenging.

우리 경제에 불평등과 양극화 같은 많은 **과제**들이 남아 있는 것이 사실입니다.
It is true that many **challenges** such as inequality and polarization remain in our economy.

우리는 어떤 **시련**도 이겨낼 것입니다.
We will surmount any **challenge**.

제4차 산업 혁명과 우주 시대의 새로운 안보 환경에 대비하며 누구도 **넘볼** 수 없는 방위력을 이뤄 가고 있습니다.
To prepare for the Fourth Industrial Revolution and new security environment in the space era, we are building defense capabilities that no one dare **challenge**.

보수 단체들이 대통령의 백신 접종 의무화에 대해 **이의를 제기한 바 있다.**
Conservative organizations **challenged** the president's vaccine mandate.

Ex. 대구세계에너지총회에서는 에너지 관계자들이 새로운 시장에 접근 할 수 있는 **기회**를 가지도록 할 것입니다. 또한 이번 **대구세계에너지총회**가 한국의 지속 가능한 에너지 개발 정책을 직접 눈으로 확인 할 수 있는 **기회**가 될 것입니다.

번역 1 **World Energy Congress in Daegu** would be **an opportunity** for participants to gain access to new markets. **World Energy Congress in Daegu** would be also **an opportunity** to see Korea's sustainable policy of energy development.

번역 2 The energy industry will have **an opportunity** to access a new market in **the World Energy Congress Daegu. The World Energy Congress in Daegu** will also be **a chance** to witness South Korea's sustainable energy development policy.

설명 1 '대구세계에너지총회'가 반복될 경우- 두 번째부터는 'this event'로 쓰거나 앞 문장과 의미가 연결되면 생략할 수 있습니다.

설명2 '기회'라는 단어가 중복되니 번역 1에서는 두 번 쓰고 번역 2에서는 기회의 다른 단어인 'chance'로 바꿔 쓴 것 입니다. 하지만 'chance'는 '운이 있다면'의 의미가 있어 격식성 있는 지문에 쓰지 않습니다.

위 지문에는 '직접 눈으로 확인할 수 있다'의 주어가 없기 때문에 주어를 추가해야 합니다.

번역1교정 **The** World Energy Congress in Daegu would be an opportunity for participants to gain access to new markets. **You(Participants) can see** Korea's sustainable policy of energy development (in this event).

번역2교정 The energy industry will have an opportunity to access a new market in the World Energy Congress Daegu. **You (Participants) can witness** South Korea's sustainable energy development policy.

Ex. 인구 감소에 따른 장점이 있다니 매우 의외입니다. 인구가 줄어들면 경제 활동 인구는 줄어들어 경제가 어려워질 것이라는 부정적인 예측이 일반적인데 말입니다. 그렇다면 인구 감소는 국내의 영향 외에 주변 다른 국가에도 영향이 있는지 궁금합니다.

설명 통역 수업 시간에 했던 지문입니다. '인구 감소'가 계속 나오니 통역을 하던 학생이 'population decrease'라는 표현을 반복하면서 지었던 '이게 아닌데' 하는 표정이 눈에 선해서 골라 봤습니다. (그 학생은 지금 전문 통번역사로 잘 일하고 있습니다.)

명사가 반복되면 영어는 1) 대명사가 있고, 2) 같은 명사를 반복하지 않고 다른 표현을 쓰는 특징이 있습니다. 그러니 반복되는 '인구 감소'에

population decrease를 반복하는 것이 아니라 다음과 같은 표현을 구사하면 됩니다.

부정적 의미의 주제어

- 문맥과 무관하게 부정적 의미 주제어 대신 사용: this challenge / this issue / this concern / this threat / this problem
Ex. 당뇨병이 계속 나오면 diabetes → this challenge
- 문맥을 반영: this demographic shift / this transition / this change

긍정적 의미의 주제어

- 문맥과 무관: this remarkable aspect / this outstanding favorable fact / this significant / encouraging / positive outcome
그 외) this move / this tendency 등

Ex. 두 회사가 **합병**되었다. 두 회사가 어려움을 겪은 것이 이번 **합병**의 배경이다.
[번역] The two companies have merged. The reason behind **this move** is that they are experiencing setbacks.

Ex. 장시간 근무 시 하급 관리자가 상급 관리자보다 **부담이 더 크다.** 이런 **부담이 큰 현상은** 다른 분야에서도 마찬가지이다.
[번역] Junior mangers tend to feel more pressure to work long hours than their superiors. **This tendency** is seen in many different sectors.

번역 I am a little amazed to hear that **population decline** can bring benefits. Negative assumptions are prevailing that **this challenge** contributes to lowering the working age population, eventually undermining the economy. I would like to ask if **this issue** affects neighboring countries apart from domestic impacts.

비교해 보세요

원어민이 쓴 **한국**어 작문: 나는 수업 시간에 많은 것을 하려고 해요. **학생들**이 열심히 공부했으면 해요. 나는 **그들이** 성장을 멈추지 않았으면 해요.

한국인이 쓴 **영어** 작문: I hope that **students** will learn a lot from me. So, I dedicate myself to **students'** learning.

차이점을 발견하셨나요? 원어민 교수님이 쓴 한국어 작문 중 '그들이' 부분이 어색하죠. 영어는 재언급 시 대명사를 쓰는데 한국어를 영어식으로 구사한 것이죠.
교정) **그들이** → **학생들이** 성장을 멈추지 않았으면 해요

반면 한국인은 'students'를 계속 반복합니다. 한국어는 명사를 계속 쓰기 때문입니다.
교정) So, I dedicate myself to ~~students~~ **their** learning.

다른 지문 같은 방식 빈칸 채우기

Q1 **편의점들**이 무인 판매를 시작했다. 이제 **편의점** 운영주들은 인력 비용을 많이 줄일 수 있을 것이다.

A1 Convenience stores have adopted autonomous sales. Now, ____ ____ will reduce its employee costs significantly.

Q2 세계적인 자동차 회사인 포드 사는 **재택 근무 체제**를 무기한으로 유지한다고 합니다. 그동안 포드 사는 코로나19 여파로 **재택 근무 체제**를 진행해 왔는데요. 코로나19 확산이 잠잠해진다 하더라도 **재택 근무 체제**를 계속해서 진행할 예정입니다. 포드 사 이외에도 아마존이나 페이스북 같은 대기업도 **재택 근무 체제**를 무기한으로 진행할 계획을 밝혔습니다.

(출처: 해커스영어 AP News 받아쓰기)

A2 Ford, the global automobile company, announced that it would continue work-from-home policies indefinitely. The company has conducted this _____ up to now. Although the pandemic is receding, it is reported that the company will maintain this _____. Apart from Ford, major companies such as Facebook and Amazon made _____ announcements.

Q3 제12회 광주비엔날레가 1년 앞으로 다가오면서 전시 방향이 관심이다. 핵심은 다수 큐레이터제를 도입하고 민주주의의 거점 '광주'를 **재조명하는 것**이다. 이전의 단일 감독 체제 대신에 다수 큐레이터의 협업으로 개최지 **광주를 새롭게 조명한다**는 취지다. 올해로 12회를 맞는 광주 비엔날레는 민주주의의 주요 거점으로서의 위상을 **재조명한다**.

A3 With a year before the opening of Gwangju Biennale, the shifts in exhibitions are drawing attention. The key part is to adopt a system of many curators to _____ Gwangju as a hub of democracy. Instead of a single curator-based system, many newly-appointed curators will collaborate to _____ on the city. The 12th Gwangju Biennale will be an event to _____ its status as a stronghold of democracy.

Q4 아마존이 지난해 100건 이상의 **위조품** 판매 시도를 차단했다고 밝혔습니다. 아마존은 2019년 **위조품** 판별 기술을 도입한 후 **위조품** 판매 시도 규모를 집계해 처음으로 발표했습니다. 아마존은 코로나19로 온라인 쇼핑을 하는 소비자가 증가하자 이를 겨냥해 **위조품** 판매 시도가 늘어난 것으로 분석했습니다.

A4 Amazon, announced that it blocked the attempt of more than 100 million counterfeit sales last year. Since the giant retailer has adopted the technology for_____, this is the first report to publicize the total tally of the _____. The U.S. giant distributor said that as shoppers are buying more online during the pandemic, scammers are seeking to sell fakes, targeting __ __.

설명

Q1 **편의점들**이 무인 판매를 시작했다. 이제 **편의점** 운영주들은 인력 비용을 줄일 수 있을 것이다.

– 편의점: convenience stores → **편의점** 운영주들

답 **their** owners

Q2 세계적인 자동차 회사인 포드 사는 **재택 근무 체제**를 무기한으로 유지

한다고 합니다. 그동안 포드 사는 코로나19 여파로 **재택 근무 체제**를 진행해 왔는데요. 코로나19 확산이 잠잠해진다 하더라도 **재택 근무 체제**를 계속해서 진행할 예정입니다. 포드 사 이외에도 아마존이나 페이스북 같은 대기업도 **재택 근무 체제**를 무기한으로 진행할 계획을 밝혔습니다.

– 반복되는 '재택 근무 체제' 대신 사용할 수 있는 표현: this policy / framework / system / management

– '대기업도 재택 근무 체제를 무기한으로 진행할 계획': 첫 줄의 '재택 근무 체제를 무기한으로 유지'와 같은 내용 → 중복 대신 similar

답 **policy / framework / similar**

Q3 제12회 광주비엔날레가 1년 앞으로 다가오면서 전시 방향이 관심이다. 핵심은 다수 큐레이터제를 도입하고 민주주의의 거점 '광주'를 **재조명하는 것**이다. 이전의 단일 감독 체제 대신에 다수 큐레이터의 협업으로 개최지 광주를 **새롭게 조명한다**는 취지다. 올해로 12회를 맞는 광주 비엔날레는 민주주의의 주요 거점으로서의 위상을 **재조명한다.**

설명

– '조명하다'라는 의미에 따른 다양한 표현 가능.

cf.) 광주 재등장: Gwangju → the city

cf.) 나라 재등장: the country

Ex. **한국**은 한류의 발원지이다. **한국**은 한류가 전 세계로 계속 확산될 수 있도록 노력하고 있다.

번역 **Korea** is a birthplace of the Korean wave. **The country** is working hard to make the wave a long-lasting global trend.

답 spotlight / rediscover / emphasize

그 외, shed light on / be in the limelight / bring attention to 등

Q4 아마존이 지난해 100건 이상의 **위조품** 판매 시도를 차단했다고 밝혔습니다. 아마존은 2019년 **위조품** 판별 기술을 도입한 후 **위조품** 판매 시도 규모를 집계해 처음으로 발표했습니다. 아마존은 코로나19로 온라인 쇼핑을 하는 소비자가 증가하자 이를 겨냥해 **위조품** 판매 시도가 늘어난 것으로 분석했습니다.

1. 주제어인 '위조품'이 4번 반복: 처음 counterfeits를 쓴 후 부정적인 행위 wrongdoing / misdeeds / crime 등의 표현을 쓰면 그 의미가 '위조품'이 됩니다.

2. '이를' → '코로나19로 온라인 쇼핑을 하는 소비자가 증가'하는 추세 → this trend

답 their identification / wrongdoing / this trend

재등장, 이렇게 표현합니다

Amazon → the U.S. giant distributor

Alibaba → the Chinese e-commerce leader / the giant retailer / the giant distributor

알리바바는 최근 경영진을 대거 교체했다고 발표했고 이를 계기로 **알리바바**는 국내 및 해외 전자 상거래로 분권화하려고 한다.

Alibaba recently announced a massive managerial reshuffle, which will see **the**

Chinese e-commerce leader decentralize its domestic and foreign e-commerce.

Facebook → the social media mogul / giant

미연방거래위원회가 **페이스북**을 상대로 다시 한번 반독점 소송을 제기했습니다. **페이스북**은 경쟁 업체를 인수해 공정한 시장 경쟁을 방해하고 소비자 권리를 침해한 혐의로 이전 소송이 제기된 바 있습니다.

The Federal Trade Commission is refiling an anti-trust suit against **Facebook**. **The social media giant** had previously been sued for hindering market competition and infringing consumer rights through a merger with a competitor.

Mark Zuckerberg / Tesla사의 Elon Musk / Amazon의 Jeff Bezos 등 → the billionaire founder

왜 **마크 저커버그**가 메타버스에 올인하는가? **저커버그**는 젊은 층에 어필할 새로운 플랫폼을 개발하고 싶어 한다.

Why does **Mark Zuckerberg** care so much About the metaverse? **The billionaire founder** wants to build a new platform popular with young users.

Apple / Google등 → the tech giant

애플이 합의에 이른 것은 **애플**의 또 하나의 승리이다.

Apple settlement is another win for **the tech giant**.

Disney → the entertainment giant

디즈니가 큰 변화를 일으키고 있다. **디즈니**는 창립 이후 처음으로 여성을 이사회에 선출하려고 한다.

Disney has undergone a sweeping change. **The entertainment giant** is electing a woman to its board of directors for the first time in its history.

Google → the global(major) search engine

검색하면 **구글**이 가장 먼저 떠오른다. **구글**은 검색 시장의 독보적인 위치를 차지하고 있다.

Search seems nearly synonymous with **Google**. **This global search engine** distinctly dominates the market.

Tesla Motors → the American electric car giant

테슬라는 중국 시장을 겨냥하고 있고 **테슬라**는 중국을 해외 시장의 거점으로 삼으려 한다.

Tesla Motors has its sights set on China which **the American electric car giant** is seeking to use as a platform for overseas markets.

Visa → the global card company

비자카드사는 글로벌 페이먼트사와 손을 잡고 캐나다 자영업자들이 **비자카드사**의 결제 시스템을 이용하도록 작업중이다.

Visa is collaborating with Global Payments to encourage Canadian self-employed persons to use the payment system offered by **the global card company**

ransomware → cybercrime

랜섬웨어는 여러분 컴퓨터의 적이지만 왜 **랜섬웨어**가 특별히 문제가 될까요?

Ransomware poses a threat to your computers, but what makes **this cybercrime** so special?

Airbnb → the home-sharing company

에어비앤비는 아프간 난민들에게 무료 숙소를 제공하고 있으며 **자사**를 통해 부동산을 임대하고 있는 소유주들에게 더 많은 도움을 요청하고 있습니다.

Airbnb is offering free housing to Afghan refugees and is seeking more assistance from hosts who rent property through **the home-sharing company**.

YouTube → The American video-sharing tech platform

유튜브는 구글에 속해 있다. 최근 **유튜브**는 백신에 관한 가짜 정보를 즉시 금지할 것이라고 발표했다.

You Tube is owned by Google. **The video-sharing tech platform** announced immediate bans on false claims on vaccines.

10. 표현 / 문화 차이

영어는 아침 인사를 'Good morning'이라고 합니다. 그래서 '좋은 아침'으로 통번역을 하기도 합니다. 하지만 이에 대한 적절한 한국말은 아침이든 점심이든 저녁이든 '안녕하십니까?'입니다.

또한 영어는 'you'라는 대명사를 많이 씁니다. 그래서 마찬가지로 '당신'으로 통번역하는데 한국어는 그렇게 쓰지 않습니다. 'you'에 해당되는 사람의 직업에 따라 '교수님' '박사님', 등으로 불분명하면 '선생님' 정도로 합니다.

또 **한국과 영어권은 문화가 다릅니다.** 주소를 예를 들면, 한국은 서울시로 시작해서 이름으로 끝나고 영어권은 이름으로 시작합니다. 그런 차이들이 번역에도 보입니다. 우리는 '국가와 지역 사회에 이바지한다'는 순서로 씁니다만 영어는 '지역 사회와 국가에 이바지한다'는 순서로 씁니다.

Ex. 양질의 의료 서비스를 제공함으로 **국가와 지역 사회의 발전에** 이바지하고 있습니다.

→ We have contributed to **the development of the country and communities** by providing quality health care services.

→ We have contributed to **the development of the local community and the nation** by providing quality health care services.

번역 We are dedicated to providing the highest quality, most compassionate care and service to patients in **the New York metropolitan area, nationally, and throughout the globe**.

설명 '영어 예문'을 보면 우리와는 반대로 뉴욕, 국가, 전 세계 순서로 사고한다는 것을 알 수 있습니다.

Ex. 미국방부는 역사적으로 단 한 명의 여성 장관도 없던 부서 중 하나입니다.

_{직역} The **Ministry** of Defense is one of **ministries** that have never had a female secretary.

_{번역} The **Department** of Defense is one of a few that has never had a female secretary

cf.) **한국**의 국방**부**(The **Ministry** of National Defense) **장관**(the **Minister** of National Defense)

cf.) **미국**의 국방**부**(The **Department** of Defense) 장관(the **Secretary** of Defense)

알 수 있어요

비틀즈의 폴 매카트니가 오바마 대통령 임기 시 백악관에서 미셸 오바마에게 〈미셸〉이라는 노래를 들려주었습니다. 오바마 대통령은 이 모습을 상기하며 '시카고 사우스 사이드에서 어렵게 자라던 이 흑인 소녀가 백악관에서 자신을 위해 폴 매카트니가 노래를 부를 것을 상상이나 할 수 있었을까'라는 트윗을 날립니다.

그렇습니다. 알 수 없는 일입니다. 우리 모두 앞으로 내가 어떤 삶을 살지 정확히 알 수 없습니다. 하지만 알 수 있는 것도 있습니다. 창문을 열어야 바람이 들어오듯 내가 원하는 방향으로 꾸준히 움직여야 한다는 것은 알 수 있습니다. 그리고 더 빠른 결과를 원한다면 더 열심히 해야 한다는 것도 알 수 있습니다. 그러면 '알 수 있음'이 '알 수 없었던 결과'를 선물합니다.

Punchline

선생님: 정은아, 알파벳 'I'로 시작하는 문장을 만들어 보세요.

정은: I is…

선생님: 틀렸어. 항상 'I am'이라고 해야해.

정은: 네. 'I는 알파벳의 9번째 철자입니다.'

Teacher: Jeung-eun, give me a sentence starting with 'I.'

Jeung-eun: I is…

Teacher: No, Always say, 'I am.'

Jeung-eun: All right. 'I am the ninth letter of the alphabet.'

학생이 말하려는 문장은 is가 맞는데 선생님이 듣지를 않으셨네요. **끝**까지.